スポーツ独白録

全証言
ラグビーW杯2019
2020東京五輪パラ
サッカー日韓W杯2002

森喜朗
×
聞き手 二宮清純

徳間書店

ワールドラグビーアワード2018で功労賞を授賞する著者。右はワールドラグビーのビル・ボーモント会長
（平成30年11月撮影）

写真提供

産経新聞社
共同通信社
時事通信社
森喜朗事務所

まえがき

振り返れば、私の人生はスポーツと共にありました。その原風景は、まだ幼少の頃に父が先頭に立って歓待した早稲田大学ラグビー部の夏合宿にあります。昭和23年（１９４８年）のことです。早稲田大学ラグビー部のＯＢであった私の父が、まだ日本の食糧事情が悪いことを憂いて、腹を空かせている学生たちにお米を食べさせたいという思いから石川県の根上町に呼び寄せたのです。まだ小学校５年生だった私には、楕円球を追いかける大学生たちの姿がまぶしく見えました。そして、夏合宿終盤には、地元の金沢で早慶戦の練習試合が繰り広げられました。そこでぶつかり合う黒と黄色のラインの慶應と黒とえんじの早稲田の激突に魅了されたものです。この時に、私の人生は決定づけられたのかもしれません。

それから64年が経過した平成24年（２０１２年）、私は43年務め上げた政治家を引退することを決めました。家内と悠々自適に過ごすのも悪くないと思っていましたが、実際にはスポーツの世界にどっぷりと浸かる日々を送ることとなります。その集大成が、令和元年（２０１９年）のラグビーワールドカップであり、令和2年（２０２０年）に開催予定だったもののコロナ禍で1年開催が延期された２０２１年東京オリンピック・パラリンピックです。この二つの国際的なスポーツの祭典は、日本が国をあげて、スポーツ界をはじめ、自治体や協賛企業などを巻き込んだ国家プロジェクトともいうべきメガイベントでした。実際、オリンピック・パラリンピックの東京大会が決定してから、実に多くの困難を乗り越え、紆余曲折を経てやり遂げることができました。私たち日本国民にとって二つのスポーツの祭典は、平成23年（２０１１年）3月11日に発生した東日本大震災からの復興をアピールする上でも非常に象徴的なイベントとして日本の歴史に末永く刻まれることでしょう。

残念ながら政界引退後に夢見た隠居生活はかないませんでしたが、21世紀を迎え、日本のスポーツ全体のレベルが底上げされ、選手に対して国民から広く声援を送られるようになったのは、やはりメガイベントの開催が起爆剤となったからだと思われます。選手の躍動する姿は非常に感動的です。子どもたちはその姿に憧れ、次世代にはトップアスリートとして、世界にはばたくでしょう。これこそ、私がライフワークとしてきたスポーツ振興の理想の姿だと確信しています。

ここにきて日本のスポーツ界が元気になっているのは、多くのアスリートや競技団体に加え、自治体やスポンサー企業などとの協力なしには考えられません。その旗振り役としてスポーツ界に少しでも恩返しできればと、文字通り「滅私奉公の精神」で、まい進してきました。特に、２０２１年の東京オリンピック・パラリンピックについては、様々なトラブルやコロナ禍による大会の１年延期など想像を絶する苦難がありましたが、歴史上初めての無観客で大きな事故やトラブルもなく大会を無事に終えることができました。

私には意地がありました。父を通じて憧れたラグビーの世界で挫折したのですが、師である早大ラグビー部監督の大西鐵之祐先生からは「人生は長い。いつかラグビーに恩返ししろ」と叱咤され、その言葉を糧にここまで頑張ってきたと言っても過言ではありません。

この本では、私自身がかかわってきたスポーツ振興の取り組みについて、あまり知られていない密室での交渉や調整についても忌憚なく書き記しました。20世紀末まで日本は、敗戦国として、あるいはスポーツ後進国として、欧米よりも一段低いところに置かれてきました。こうした状況を少しずつ改善してきたのが、日本のスポーツの歩みです。

タフな交渉事では、どんな相手にも臆さない胆力が必要です。世界のスポーツイベントの最前線では、相手を圧倒するような情熱で自己主張をしなければ、すぐになめられてしまいます。やはり世界のエスタブリッシュメントたちを向こうに回して、交渉を進めるには政治家ひいては、私のような総理経験者の発言が一目置かれるものです。これが現実です。まして私は日本のスポーツ界を代表しているという自負があるから気迫だけは誰にも負けません。スポーツ後進国だからといって臆することなく、日本社会の高いポテンシャルを示せば、相手も聞く耳を持ってくれるものです。これは私にとっても大きな発見でした。スポーツもまた「政治」なのです。

またスポーツを通じての様々な方々との個人的な交流についても振り返ります。平成25年（2013年）に日本経済新聞の連載をまとめた「私の履歴書」が政治家としての集大成とするならば、今回は「生涯をスポーツに捧げた」後半生をまとめた内容ではないかと自負しています。

本書をまとめるにあたっては、古くから私を取材し、内外のスポーツ事情に精通しているスポーツジャーナリストの二宮清純さんが聞き役を務めてくれました。二宮さんは、私より22歳も年下ですが、古いことから新しいことまでよく知っておられる。しかもプロからアマまで守備範囲が広い。さらには政治や経済にも明るい。まさに博覧強記の人です。

時に厳しい指摘も受けましたが、政治家の評価は歴史が下すものです。それは二宮さんもよくわかっておられて、とにかくありのままに話してほしい、検証は後世の歴史家が行うからと。もちろん私に異存はありません。そうした意味合いもあって、いくつかの候補の中から『スポーツ独白録』というタイトルを選びました。老骨に鞭打ちながら、ラグビーワールドカップ招致のため、東京オリンピック・パラリンピック招致のため、私は数多くの国々を訪れました。国益を背負っての世界の首脳との交渉力、体力はスポーツによって獲得し、磨かれたものだと私は確信しています。

森　喜朗

目次

第3章 楕円球に憧れて

第4章 政治とスポーツ

第5章 ラグビーワールドカップ

第6章 オリンピック・パラリンピックに挑む

第7章 スポーツ界への提言

聞き手・二宮清純のインタビューにこたえる著者
（令和6年2月撮影。カメラ・近藤誠）

第1章

余命宣告からの復活

２０２１年東京大会を見届けて

スポーツこそ我が人生。それが私にとってモットーともいえる言葉です。令和６年（２０２４年）７月に開催されるパリ五輪をこの目で観戦できる日が来るとは、思ってもみませんでした。

それほどまでに東京オリンピック・パラリンピックまでの道のりは心身共に過酷でした。とりわけ東京オリンピックが開幕するまで、文字通り私にとっては、命を削り取られるような戦いの日々でした。

令和３年（２０２１年）７月21日、私は福島県営あづま球場にいました。２０２０東京オリンピック・パラリンピックの競技（ソフトボール）が始まった記念すべき場所です。当時のランキングで世界2位だった日本はオーストラリア（同８位）と対戦しました。

私は目を見張りました。会場に入る道路の脇には、地元の子どもたちが植えた花が飾られていて、復興五輪という今回のオリンピックを象徴するようなスタートとなりました。幸い天候にも恵まれ、晴れやかな気持ちで、オリンピックの開幕を迎えることができました。

ソフトボール競技でセレモニーを見守る著者
（令和３年７月21日撮影。福島県営あづま球場）

萩生田光一文科大臣と内堀雅雄福島県知事には、

「パラリンピックに間に合えば、子どもたちだけでも観戦できるようにしてほしい」

とお願いしました。結果的に様々な人たちの努力により、コロナ禍でしたが安全に観戦することができました。

東京オリンピックの開会式当日、私は会場で固唾をのんで、その様子を見守りました。国立競技場の座席が、すべて空席の史上初の無観客開催。開会式の演出も二転三転しましたが、福島の子どもたちの参加などもあり、簡素な五輪を存分に世界にアピールできたと考えています。

本来、開会式は社交の場でもあります。ところが、２０２０東京オリンピック・パラリンピックの開会式は、コロナ禍の真っ只中ということもあり、参加者の人数が厳しく制限されました。通常、妻帯者はパートナー同伴が一般的ですが、人数は最小限。皇后陛下がご出席されなかったという事情からも、コロナ禍の厳戒体制を窺い知ることができます。

肺ガンを宣告された日

正直に言えば、私はこの場にいなかったかもしれません。何度も死が頭をよぎった瞬間がありました。なぜなら私は平成27年（２０１５年）の春に肺ガンが発覚し、闘病を余儀なくされていたからです。ガンは不意に襲ってきます。家族は主治医から「年内いっぱいです」と余命宣告を受けていたようです。

私本人は主治医から余命宣告を受けていませんでしたが、寿命が近づいていることは直感的にわかりました。平成12年（2000年）の総理在任中には前立腺ガンを患い、総理辞職後に手術を受けましたが、いつガンが再発してもおかしくないという覚悟はできていました。心の準備もできていましたから「あと1年の寿命だな」と逆に気持ちを奮い立たせました。だが、私にはラグビーワールドカップと東京オリンピック・パラリンピック開催という「天命」があった。スケジュールは先の先までいっぱいでした。

先述したように一時は死を覚悟しました。悔いを残さないようにと、平成29年（2017年）4月には「遺書」（幻冬舎刊）という本を出版しました。もし万が一のことがあった場合は、私の遺志を継いでほしい。そういう思いを本に込めました。

実際に始まったガン治療は過酷でした。手術で左の肺を摘出したわずか1週間後、私は東京オリンピック・パラリンピック競技大会組織委員会の理事会に出席しました。おそらく皆さんは丸坊主になった私の姿をテレビで見て驚かれたことでしょう。その場をなごませるため、「お騒がせして頭を丸めました」とジョークを飛ばしたものの、我が身は満身創痍でした。

その後は抗ガン剤治療に専念しました。だが副作用は想像以上でした。呼吸が苦しくなったので受診すると、肺に水がたまっていました。体力もみるみる落ちて足取りもおぼつかなくなるありさま。頭髪は抜け落ち、体重も１００キロを割り、ズボンはダブダブになりました。

だが、私がファイティングポーズを解くわけにはいきません。令和元年（２０１９年）９月に控えたアジア初となるラグビーワールドカップを何としても成功させたい。さらに翌令和２年（２０２０年）は、２０２０東京オリンピック・パラリンピックが控えている。大会組織委員会の責任者として、開催都市の東京都や政府との調整役を果たさなければならない。何としても二つの大会を成功させないといけない——。

「せめて令和元年（２０１９年）のラグビーワールドカップだけでも見届けたい」

それが偽らざる本心でした。

新薬で奇跡的な回復

「俺も、もうサヨナラかな」。そう思ったのが、平成27年（２０１５年）秋に訪れたラグビーワールドカップイングランド大会でのことです。私は日本ラグビーフットボール協会名誉

ラグビーワールドカップ2015で日本は強豪・南アフリカを撃破。
「ブライトンの奇跡」と呼ばれる快挙に歓喜する選手たち

会長として日本代表の戦いを現地で視察しました。9月19日（現地時間）にブライトンで行われた日本対南アフリカのプールB第一試合では「史上最大の番狂わせ」といわれる接戦の末、34―32で勝利し、大金星をあげました。ファンの間で「ブライトンの奇跡」と呼ばれる試合を目の当たりにして、日本代表がティア1と呼ばれる世界の強豪国を破るほど力をつけたことに感動を覚えました。

その一方で体力も気力も限界に近づいていたことは自分自身が一番よくわかっていました。抗ガン剤治療中には体の倦怠感が抜けず、集中力と判断力を要するオリンピック・パラリンピック組織委員会の会長職が務まるのか。自分としてはベストを尽くしてきたつもりですが、まっとうできなくなるのも時間の問題だと覚悟していました。

ところが年が明けた平成28年（２０１６年）２月、朗報が舞い込んできます。私のガンに効く新薬ができたと聞かされたのです。

「死ぬ覚悟をしていたから何でもいいよ。何でも飲むよ」

諦め半分で服用を始めたところ、体調がみるみる回復していくのが、よくわかりました。新薬の名前はオプジーボ。月に1回点滴治療をするだけなので体への負担も軽かった。オプジーボにより懸念されていた吐き気や食欲減退などの副作用もなく、食欲も次第に戻ってきました。肺にたまっていた水も抜けていき呼吸も楽になった。ほどなくして普通に歩けるまでに回復。まさに奇跡でした。

あまりの効果覿面ぶりに医師もびっくりしていました。幸い、副作用も手に斑点ができた程度。抗ガン剤で失った髪の毛も生えてきて、それまで土気色だった顔色も徐々に血色がよくなってくるのがわかりました。結果的にガンが発覚する以前の体に戻ることはありませんでしたが、ゴルフならハーフを回れるほどには回復しました。

担当医からは「タバコを一度も吸ったことがないのがよかった。だからオプジーボが劇的に効いたんです」と説明されました。家系的にタバコを吸わないことも幸いしたようです。つくづくタバコを吸わなくてよかったと、この時ほど思ったことはありません。このように新薬オプジーボによって、私は余命半年から奇跡的な生還を遂げたのです。


このオプジーボを開発したのは、平成30年（2018年）にノーベル生理学・医学賞を受賞した本庶佑先生です。本庶先生にお会いした時に意外な話を聞かされました。

「僕はガンの薬をつくったんじゃないんだよ。その人の体の免役を強める。そして、皆さんが自分の力でガンをやっつける。そのためにつくった薬なんだ。だから患者のうち2割しか治らないというのはそこにあるんだ。免役を使ってガンをやっつけるんだけど、気力と体力がいる。それをフォローするための薬なんだ」

そう言われて、妙に「なるほど」と納得したものです。会話の最後には、「森さん、あなたのおかげで私は有名になった」と喜ばれたけど、私からすれば命の恩人。オプジーボが開発されていなければ、パリ五輪の観戦などとてもかなわなかったでしょう。

８年前にさしこんだわずかな光明から、予想だにしなかったパリオリンピックを目の当たりにできる幸運。つくづくスポーツの神様が「スポーツに恩返しせよ」と命じているような気がしてなりません。

第2章

野球少年の思い出

戦争に怯えた幼少期

私が最初に夢中になったスポーツは野球です。戦後の物資のない時代から高度経済成長期にかけて、日本の国民的なスポーツといえばプロ野球でした。

石川県の根上町《ねあがり》という田舎育ちの子どもたちの間でも、野球は圧倒的な人気を誇っていました。私は昭和12年（１９３７年）生まれですから、物心ついた頃はまだ太平洋戦争の真っ只中。いつ我々の町に爆弾が落ちてきてもおかしくなかった。毎日毎日食べるものにも事欠くありさまで、とにかく日本中が腹を空かせていた時代です。夜になると、「ウ〜」と空襲警報が鳴り響きます。すると、座布団を縫い合わせてつくった防空頭巾を被って、自宅の裏山にある防空壕へ逃げ込むのです。もちろん戦争というものがどういう理由で起きたのかは知る由もありません。ただ子ども心に「このままだと死ぬんだろうな」と観念したものでした。

終戦を迎えたのが、8歳の夏。小学校2年生でした。

ある日のこと、いつものように空襲警報が鳴って防空壕へ逃げ込もうとしたところ、遠く

左から出征する父・茂喜。祖父・喜平（中央）。
右は母・薫に抱かれる著者（昭和12年撮影）

の夜空が急に明るくなり、何かが点滅するんです。何かと思って見上げると、富山に落とされるおびただしい数の焼夷弾でした。

「これはエライことになった。次は石川だな」

そう思った翌日に終戦を迎えました。B29は金沢も攻撃の対象にしていたと聞いていたのですが、後年、アメリカ軍は本土爆撃に際して、奈良、京都、金沢といった歴史ある日本の古都や文化財については攻撃対象にしていなかったことが明らかになります。焼け野原になった東京大空襲でも皇居だけは攻撃対象から外していた。そうした米国の用意周到な計画一つとってみても戦争の趨勢は開戦当初から歴然としていたということでしょう。

終戦まで家族の会話は「爆弾が落ちてきたらどうしよう」ということばかり。父の茂喜は戦地に赴いていて、いつ帰ってくるかわからない。終戦の前年の昭和19年（１９４４年）11月には、生母の薫が乳ガンで亡くなってしまったばかりか、日を置かずに今度は実の祖母まで逝ってしまった。我が家は祖父の喜平が守り、私と１歳上の姉・智子と４歳下の弟・紀喜の3きょうだいは心細い日々を送っていました。


その時の親族会議のことは今でも思い出すことができます。ある日、深刻な顔をして親戚が集まって来たので、閉め切った戸の隙間からのぞき見をしました。話し合いの中身は、戦争が長期化すればこのまま一族共倒れになる。だから3人の子どもを親族で１人ずつ引き取るという内容でした。戦争が泥沼化していく中、日本国中、誰もが疑心暗鬼に陥っていました。森家だけが例外ではなく、貧乏人も金持ちも同じようなことを考えていた時代です。

「長男はここに置くが、あとは誰が面倒みるか」

ひとしきり深刻なやりとりが続いた後、親族の山島地区（現在の白山市）のおじいさんが、話をまとめてくれました。

「子どもを引き離すのは間違っている。親父は戦争で帰ってこん。お母さんは死んだ。挙句に3人きょうだいを引き離すとはかわいそうだ。ならばウチで引き取る」

こうして、きょうだいが離れ離れになる事態だけは何とか避けることができました。発言の主が誰であれ、子どもにとってこれほど頼もしい人はいなかった。今振り返ると悲惨な話ですが、どの家庭も例外なく長引く戦争に心身共に疲弊していました。

私たちが教え込まれたのは「鬼畜米英」の精神です。中国とも戦争をしていた時代ですから、学校では軍事教練の時間に、藁でつくった蔣介石総統や何応欽将軍の人形を竹槍で突く訓練が公然と行われていました。

今となってはフェイクニュースの類ですが、ご近所同士では「アメリカ人がやってきたらどうなるか？」という会話も日常的に交わされていました。当時もいわゆる情報屋みたいな大人がいて「男は皆殺される。女性は助かる」と出所不明の情報を流したり「子どもは殺さんらしい。ただし男の子はちんちんを切られる」なんてデマが随分と流布したものです。私もアメリカが怖いという話ばかり聞かされていたため「目の青いヤツが入ってきたら大変だ」という話を信じ込んでいました。

アメリカへの憧れ

終戦を迎え、戦後が訪れると、アメリカ兵にひどい目に遭うどころか、まったく逆でした。食糧不足で、子どもの栄養失調が当たり前だった時節、小学校では給食が始まるというじゃないですか。米軍の物資援助で、パンに脱脂粉乳、スープが出された。これは食うや食わずのひもじい生活を送っていた私たちにとっては、とんでもないカルチャーショックでした。ラジオから流れてくる進駐軍のニュースでは子どもにチョコレートやチューインガムを配っている様子も報じられました。まだ飴玉を食べたことがない時代のGHQの大盤振る舞い。日本の子どもはすっかり、アメリカナイズされてしまった。そのアメリカを象徴するスポーツが野球でした。

戦後間もなくGHQの占領政策によって再開されたプロ野球は、「職業野球」と呼ばれ連日、新聞で大々的に報道されていました。ラジオでは巨人戦を中心にした野球中継が人気で、放課後になると、近くの野原や田んぼで遅くまで野球をするのが日課になりました。田んぼで野球をする時には、稲の切り株をベースに見立てたり、自宅の裏の林の中でも野球三昧。ボールを打つと生い茂った木に跳ね返ってきて、まるでパチンコのようでした。

物資不足の時代ですから、もちろん野球のグローブやボールはありません。すべて手作りで賄いました。ボールはガラスのビー玉を芯にして、ビー玉に綿を巻き、さらに糸で巻いたもの。グローブはほとんど出回っていなかったから、もっぱら素手。布製のカバンを切り抜いてお手製のグローブをつくったりもしました。

ヒーローは巨人の川上哲治

私は生粋の巨人ファン。巨人と阪神が人気を二分している時代でした。戦後すぐの頃は、まだＮＨＫのラジオしかない時代で巨人戦が放送されることが多かったから致し方ないでしょう。とはいえ「赤バット」の川上（哲治）を筆頭に、千葉（茂）に青田（昇）と、実に魅力的な選手が多かった。新聞やラジオで選手たちの活躍を見聞きして、子どもなりに胸を躍らせていたものです。

最初に憧れたのは、赤バットの川上哲治さん。「てつはる」の「てつ」は「鉄人」に通じるところがあってカッコよく響いたし、生真面目な性格も私は好きでした。川上さんは熊本工業高校出身で苦労して、プロの野球選手になったというサクセスストーリーも含めて憧れました。間違いなく私にとって最初のヒーローでした。

私も石川の田舎出身でしたから川上さんの境遇と自らを重ね合わせました。川上さんのスイングを真似しただけではなく、小学校時代は銭湯に行けば下駄箱は16番を探しました。藤村（富美男）が好きな友人は10番を探したりしていましたよ。3番は大下弘。23番が青田。そんな半世紀以上も前のことを今でも覚えています。

スポーツマンだった父

スポーツ少年だった森少年にとっての転機は軍人だった父・茂喜氏の戦地からの帰還だった。厳格な父は、学生時代からスポーツに親しみ、旧制の小松中学校時代は、野球部に所属。4番キャッチャーとして活躍するスポーツマンだった。早稲田大学時代にはラグビー部に所属。5

学年下には後の名伯楽・大西鐵之祐氏がいた。また、野球部には「魔術師」三原脩も所属していた。

森少年が生まれた昭和12年（１９３７年）に出征した茂喜氏は、中支戦線にて銃弾を浴び瀕死の重傷で一旦は帰国したものの昭和15年（１９４０年）に満州へ再度出征。終戦を現在のトラック諸島で迎えるが、そのまま戦地に残り、翌年の昭和21年（１９４６年）１月に帰還。昭和22年（１９４７年）３月に根上町議になり、昭和28年（１９５３年）には根上町の町長選挙に出馬し当選した。以来昭和60年（１９８５年）まで９期連続で当選し36年間にわたって、町政を司った。地元の人と正座をして話を聞くことから「おつぶけ町長」と呼ばれ地元民から愛された。また旧ソ連との親交を深めるなど既存の町長の枠にとらわれない精力的な活動で生涯現役を貫いた。平成元年（１９８９年）に逝去。享年79歳。

父が帰郷するまで、親子での触れ合いは、記憶らしいものがまったくありませんでした。まだ父が戦地に赴いていた頃のことです。我が家の下駄箱に使い古された野球のグローブと空気の抜けたラグビーボールが無造作に置いてありました。父は出征の時に、下駄箱に置いたラグビーボールとグローブを母に託していました。その際に、「自分はもう戦争で死ぬから、喜朗には大きくなったら野球かラグビーをやらせろ」と言い残していたそうです。ところが、母は昭和19年にガンで死去。幼かった私は母から「お父さんが大事にしてたもんだから」としか聞かされていなかった。私が最初に知ったスポーツは相撲。それから下駄箱にあったグローブとラグビーボールにより野球とラグビーに興味を持ちました。

父は戦前、旧制の小松中学校を卒業後、早稲田大学でラグビー選手として活躍しました。小松中学校にはラグビー部がなかったので、大学でラグビーを始めたようです。後にお世話になる大西鐵之祐さんは、父より5学年下でした。大西先生にお聞きしたところ、父は尊敬すべき存在だったようで、合宿も父からの打診だったから引き受けたということでした。父は大学卒業後、京都市役所に勤務。その後は戦地に赴くまで石川県庁に勤務していました。

県庁勤めと並行して、力を入れていたのがラグビーの指導でした。まだ、石川県ではラグビーがそこまで盛んではなかった時代にコーチとなり、父の指導を受けた選手が早稲田に進学。やがて、その時の教え子たちが石川県内にラグビーを広めていきます。このラグビー人脈が私の人生を豊かにしていくのです。

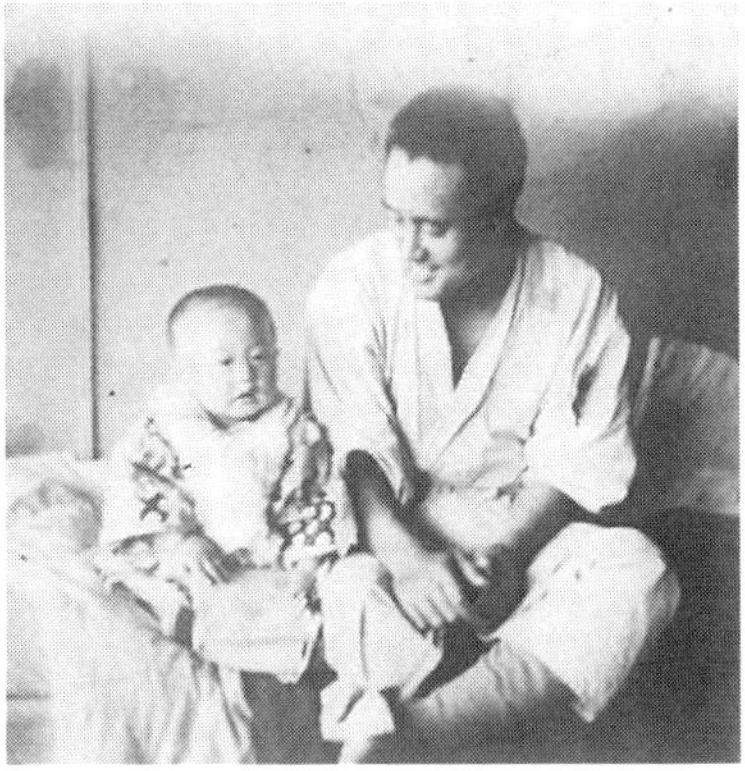

戦地で負傷した父・茂喜を見舞う著者。根上に戻ったが再び戦地に赴いた（昭和13年頃撮影）

父はラグビーの選手としてだけではなく、野球の才能にも恵まれていました。父から直接詳しい話を聞いたことはなかったのですが、早稲田の野球部のユニフォームを着ていた写真も残っています。当時は、三原脩さんが早稲田の学生だった時代です。ラグビー部と野球部の間で選手が足りなくなるとお互いに融通しあっていたそうで、三原さんとは一緒に写っている写真もあるほどですから相当親しい間柄だったようです。

引き揚げてきてから地元で社会人野球チーム「オール根上」を結成しました。地元の野球大会でも、その腕前はずば抜けていました。ポジションはキャッチャー。座ったままの姿勢で、ホームからセカンドまで一直線の豪速球を投げることができたと言います。肩が強いだけでなくコントロールも正確だったから現役時代は相当な選手だったはずです。学生時代は、冬になるとスキーのジャンプ大会にも出場していたそうです。県内では名の知れたスポーツマンで自慢の父親でした。

先祖伝来の土地を小作人に譲り渡す

父はミクロネシアのトラック諸島で終戦を迎え、その後しばらくは戦地に残り年末に復員しました。根上町に戻るや庄屋の長男だった父は、「農地を小作人に差し上げます」と大半の土地を手放した篤志家でもありました。ただ、お金儲けだけは、まったく得意ではなかった。大学卒業後は、京都や金沢で公務員をしていた時期がある一方、東京で商売をしていた時もあったようです。商才には恵まれず、先祖伝来の土地を手放したことで、祖父の逆鱗に触れてしまいました。

私の祖父は長年村長を務めた人物で、父が戦争で不在の時も畑や田んぼの仕事で森家を支えていました。祖父にもプライドがあったようで、戦地から引き揚げてきた父とはよく衝突していました。

ある時、腹に据えかねた祖父は私を呼び出し、父をえらい剣幕で罵倒しました。

「おまえの親父は、戦争でばかなことをやって、頭がおかしくなってしまったんだ。で、帰ってきて、財産をみんななくしちゃった。だから、おまえはいつかは偉くなって、財産を全部買い戻してくれ」

この時期、突然の「自主農地解放宣言」により、父は土地を全部小作人に譲ってしまいました。聞くところによれば、内陸側にあった自宅から木が生い茂る森林を抜けて日本海側まで抜ける県道の周辺はすべて森家の土地だったそうです。距離にして約2キロぐらい。それだけの広大な土地を、先祖が苦労して守ってきたにもかかわらず、父はあっさりと手放してしまったのです。挙句商売に失敗して、自宅の蔵にあった屛風や骨とう品も借金のカタで金目のものは全部、古道具屋に持っていかれてしまった。祖父が怒るのも当然です。

それでもまだ小さかった私は、父の「滅私奉公」の精神に大いに共感したものです。父は私に言いました。

「喜朗、じいさんから言われたことは、まったく逆だ。財産というのは貯めておくためにあるんじゃない。森家に何かあった時のために財産はあるんだ。先祖はそのために遺してくれたんだ。今は日本中が大変なんだ。だから森家の名誉にかけて、これを始末してやるために使ってるんで、おまえはそんなものを取り返す必要はない」

両親が不在の時に自分を育ててくれた祖父にも父にも、それぞれの理屈があることはわかります。それでも私は父に軍配を上げました。

「先祖の代から、田んぼや畑をみんなが守ってくれた。だから、戦争が終わったからといって取り上げちゃいかん。そこで頑張ってやってくれたんだから」

軍人だった父なりの責任の取り方です。ただ、これは当時としては、かなり革新的な考え方でした。そのため警察に常にマークされていました。「アイツは共産党のスパイではないか」と……。


父は戦地から引き揚げてくると、私の生母の妹だった秋子と再婚します。母は夜になっても父が帰ってこないと、近くの駐在所に電話をするんです。「ウチの主人、どこにいるかわかりますか？」。警察は父の所在をすぐに教えてくれました。裏を返せばそれほど、警察からはマークされていた。しかし地元の人からは愛された。そんな父を私は誇らしく思いました。

引退した双葉山関（右下）を囲んで。左が父・茂喜。
両者に挟まれて座っているのが著者

父の教えは「滅私奉公の精神」

祖父は憤慨しましたが、父はモットーである「滅私奉公の精神」を実践していました。

私が生まれた昭和12年（1937年）は日中戦争の年で、父はそのまま応召して戦地に赴き、終戦まで軍人としての任務を果たしました。父は、帰郷するやすぐに、仏壇の前に私を呼び、「俺はおまえらのために帰ってきたんじゃない。運よく帰れたということは、残された人々のために頑張れと。国を立て直せと。そういうことのために自分は帰ってきたんだから、もうおまえらは俺を父親だと思うな」

と説教しました。私はまだ8歳の小学生。父の愛情を欲していた反面、厳父の存在がまぶしくもありました。

何しろ私は生まれてこの方、最後まで父に抱かれたことがありません。父は最初、歩兵第7連隊の少尉として出征しました。駅まで見送りにきたおばさんに、「この子を抱いてあげなさい」と言われたにもかかわらず、そうしませんでした。そのため「冷たい人だ」と陰口も叩かれたらしい。

だが、父の真意はそうじゃなかったようです。父は子どもを抱いてしまうと、親子の情が湧く。そうすると戦地で瞬間的な判断をする時に間違ったりするかもしれない。父が率いる部隊の部下はほとんどが独身で家族もいない。おそらく寂しい思いをしているでしょう。それがわかっていながら、自分だけ赤ん坊を抱いて「よしよし」とあやしているわけにはいかない。それが本心だったようです。

早稲田への夢と憧れ

私にとって父は、人生の師であると同時にスポーツの魅力を教えてくれた伝道師でもありました。戦争から戻ってきた父は、野球に夢中になっている私に中古のミットを買ってきてくれました。ミットがあればキャッチャーができる。当時の野球でキャッチャーは花形のポジションでした。なぜならキャッチャーミットを持っている裕福な子どもは、そうはいなかったからです。つい友人に見せびらかしたところ、ミットが気に入った友人はいつまでたっても返そうとしない。「返す」「返さない」という押し問答が続きました。

そこに父が帰ってきました。開口一番「もうそれはあげなさい」と一言。あっけにとられていると「ちょっとこっちへこい」と呼ばれ、諭されました。

「あの子のお父さんは戦争で死んだんだよ。買ってほしいと思ってもお父さんはいないんだ。おまえには私がいるだろう。また買ってやるよ」

そう言われて「なるほどな、そういう思いがあったんだ」と納得しました。と同時に父の軍人としての矜持が垣間見えた気がしました。

また、こんなこともありました。毎日、野球に明け暮れる仲間たちとチームをつくろうということになった。その時に父が名付けたのが「赤狼《せきろう》クラブ」。つまり「赤い狼」。子どもには意味がわからなかったけど、カッコよさそうな名前で気に入って使っていました。それから大分時間が経過し、やっとその意味がわかりました。英語で「ウルフ」（wolf）の頭文字はWでしょ？　つまり「ワセダ」（waseda）の頭文字。そして「レッド」は赤。えんじの色は早稲田のラグビージャージーにも採用されています。いずれも早稲田をイメージする言葉。父は野球チームに早稲田の色を刻みたかったのでしょう。それくらい父は早稲田への思いが強かったのです。

野球大会で磨いた交渉術

小学校の5年生からは、クラス対抗の野球大会が最大の楽しみになりました。私は5年生の時、3組に在籍していて、メンバーにも野球のうまい生徒が多かった。ところが、とにかく1組の連中が強いったらありゃしない。中でもピッチャーとキャッチャーのバッテリーが最強でまったく歯が立たない。そこで私は、6年生に上がるタイミングで恩師である室政男先生に直談判しました。

「森君、何か希望はあるか？」

「1組にいるバッテリーを離してください。福田外志君と坂井外茂夫君の2人が同じ組にいると勝てません。どちらか1人を3組に寄こしてください」

今になって振り返ると、まったくもって無茶な相談です。実際、学校の慣例では、5年生のクラスは、組替えをせず、そのまま6年生に持ち上がるのが常でした。ところが、どういういきさつからか結局、クラスは一部再編、最強のバッテリーはクラス替えで別々の組になった。念願の学年優勝のチャンスが目の前に転がり込んできたのです。

その結果、6年生の決勝戦は案の定、1組との対戦となりました。私は恩師の室先生の思いに応えるべく試合に臨みました。ところが試合当日、教室の黒板に室先生からのメッセージが書き込まれていた。

「決勝戦を見たかったが、会議で金沢に行かなければならなくなった。キミたちは5年生の時から努力してきた。私がいなくても、堂々と戦って必ず1組に勝ってほしい。それを楽しみに帰ってくる」

よし、先生のために頑張ろうとクラスも一丸となった。結果は見事優勝。この成功体験を機に、ますますスポーツにのめり込むようになっていったのです。

「人は成長する中で、人生の師に出会うことこそ一番の学びである」

教育といっても学問だけすればいいというものではない。詰まるところ、人間形成の場であるというのが私の持論です。

アメリカ文化に触れる

将校だった父は、家の中でも圧倒的な威厳を保っていて、親子の距離が縮まることはありませんでした。言葉にこそしないものの、戦後すぐに生母の妹・秋子と再婚したという家庭の事情もあって、一刻も早く「独立心」を持つように厳しく育てられた記憶があります。しかし、その一方で、どこまでもスポーツに対しては、寛大な人でした。

中でも思い出深いのが、初めての一人旅です。昭和24年（１９４９年）の秋に甲子園球場で開催された日米野球を観戦した時のことです。まだ12歳だった私には、大変刺激的な体験となりました。今でも当日のスタメン選手を空で言えるほど、鮮烈な記憶が残っています。

プロ野球の日米交流は、明治41年（1908年）のリーチ・オール・アメリカンを皮切りに数年に一度のペースで行われてきた。そうした中、昭和6年（1931年）と9年（1934年）に読売新聞社が米大リーグ選抜チームを招聘したことを機に、職業野球団発起人会が発足。昭和11年（1936年）には東京巨人軍、大阪タイガースなど7チームが参加するリーグ戦がスタートする。昭和19年（1944年）に戦争の激化により、職業野球は休止となるが、戦後すぐに、アメリカの占領政策によるスポーツ振興策もあり、昭和20年（1945年）11月には大学野球の早慶戦が再開。翌年の昭和21年（1946年）には学生野球、社会人野球、プロ野球と順次再開を果たしていく。プロ野球の主力選手の多くは戦地に駆り出され、戦死した選手も多かったが、戦地から帰還した赤バットの川上哲治（東京巨人）、青バットの大下弘（セネターース）、物干し竿の藤村富美男（大阪タイガース）といったスター選手が誕生し、国民的スポーツとして、プロ野球ブームをけん引していった。

ある日、父が帰ってきた時にこういう会話を交わしました。

「喜朗、おまえ野球行くか」

「あっ、行きたいです」

「大阪へ一人で行けるか」

まだ12歳だった私を当時、石川から列車で12時間もかかる甲子園まで送り出してくれた父は、一日も早く独立してほしいという思いがあったようです。私自身も新聞やラジオでは飽き足らず、野球を生で見たいという好奇心が湧いてきました。それは、甲子園に一人で行く不安をはるかに上回っていました。当時は夜行列車で金沢から大阪まで8時間の道程です。

「大阪に着いたら駅から出るな。真ん中に地下に下りる道路がある。それを下りると、反対側のビルの下に入る。それが阪神ビルというところだ。そこまで行ってまた下へ下りると阪神電車があるから……」

父から甲子園までの行き方を聞いたものの要領を得ませんでした。なんで地下に阪神電車があるのかチンプンカンプン。

「まあ、そこへ行けばわかるから」

「大阪駅なのに、なんで梅田っていうんですか」

サンフランシスコ・シールズと対戦した全日本軍のメンバー
（昭和24年10月23日撮影。甲子園球場）

「そういうことになってるんだから、いちいちそんなこと聞くな」

　結局、阪神電車に乗り込んで何とか甲子園口の駅まで辿り着きました。ところが、野球場らしき建物はまったくありません。目の前には蔦のからまったビルの壁が見えるばかり。そこで派出所の警官に「野球場どこですか？」と聞いたら「ここだ」と指さしたのが目の前の蔦の這うビルだったのです。田舎者だから甲子園球場の大きさにびっくりさせられたことは言うまでもありません。

　いや、驚いたのはそれだけではありません。私は甲子園で最新のアメリカ文化に触れたのです。コカ・コーラの売り子さんが球場内の観客相手に「コーラ、コーラ。おいしいですよ」と言いながら、売って歩いていた。確か25円だったかな。まわりがみんな飲んでいたので、味見がてら買ってみた。それで口に含んだら「臭い！」と。口の中に異臭が漂いました。なんであんなまずいものを皆飲んでいるのか、子どもの味覚では、まったくわかりません。次にコッペパンにソーセージを挟んだホット・ドッグも食べてみた。確か10円だったはずです。ソーセージにたっぷりケチャップをかけて食べてみたものの、ケチャップの濃厚な匂いに食欲を失いました。いわば、それが私の初めての〝アメリカ文化の体験〟でした。正直に言うと、あまりいいものではなかったかな（笑）。

昭和24年（1949年）10月12日、メジャーリーグAAA所属のサンフランシスコ・シールズの一行27人がGHQ最高司令官ダグラス・マッカーサーの招きにより来日。すぐに銀座でパレードをするなど、日米の友好ムードを演出した。シールズを率いるフランク・オドゥール監督は大の親日家として知られ、昭和9年（1934年）の日米野球以来、15年ぶりの来日となった。羽田空港には当時の人気女優・田中絹代や各球団の主力選手が顔をそろえるなど、盛大な歓迎ぶりとなった。全7試合を戦ったシールズは7戦全勝。10月23日に甲子園球場で開催された第4戦でシールズは全日本軍と対戦。巨人の藤本英雄と大阪タイガースの土井垣武がバッテリーを組み善戦したものの2対1でシールズが勝利した。

楽しかった甲子園への一人旅

初めてのプロ野球観戦は、アメリカがますます好きになるきっかけともなりました。以来、小学生の分際ながら、時間を見つけては甲子園に野球観戦に行くようになりました。継母の財布からお金をくすねての観戦旅行でしたが、不思議ととがめられることはなかった。ある時、継母から「(財布からお札を抜いていることは）知っているんだよ」と釘を刺されました。それでも「行くな」とは言われませんでした。

当時、観戦旅行に行くと必ず泊まっていたのが、神戸の三宮近くにある親戚の家でした。そこでは父の叔父さんが病院を開業していて、行くたびにお世話になっていた。叔母さんからは非常にかわいがられて「今日は喜朗さん、どこへ連れていってあげましょうか」と案内してくれるようになった。そこで最初に連れていかれたのが宝塚歌劇団。これには面食らいました。女性がズラリと50人ぐらい登場するわけだから、私も少しは色気づいたかもしれません。宝塚には叔父叔母の息子夫婦が住んでいました。神戸では映画館にもよく足を運びました。ちょうど、映画のシネマスコープが上映され始め、ロバート・ミッチャムとマリリン・モンローの「帰らざる河」なんかに感激したものです。

また京都にも父の知人のお医者さんがいました。その女性も遠い親戚だったらしく、京都に行った際には泊めてもらいました。このように、観戦旅行を通じて徐々に独立心が芽生えていったわけです。

石川が誇る松井秀喜

幼い頃から応援してきたジャイアンツへの思いは今も変わりません。川上さんは別格として、早稲田OBの広岡達朗さんの颯爽とした守備に魅了されたこともあります。ただ、川上さんが率いたV9時代、私は政治家としてはまだ下っ端で、野球観戦に多くの時間を割けなかった。それでも気になる球団といえば、巨人です。今でも私は毎年、ジャイアンツを応援する財界関係者の集まりである「燦燦会」の会合には必ず顔を出します。

地元石川県出身の選手は長年、ジャイアンツとは縁がなかった。戦後には専売金沢から国鉄スワローズに入った宮地惟友さんというピッチャーがいました。昭和53年（1978年）には星稜高から小松辰雄さんがドラフト2位で中日に入団し、先発や抑えで活躍しました。

しかし、真打といえば平成4年（1992年）に巨人にドラフト1位指名を受け、平成5年（1993年）入団した松井秀喜さんでしょう。彼は私と同じ根上町立（現能美市立）浜小学校出身で星稜高に進みます。彼には大変期待しました。

石川県の強豪・星稜高校で1年生から4番を打っていた松井が、一躍注目を浴びたのが3年夏の甲子園。2回戦で高知県の明徳義塾高校と対戦したところ、5打席連続で敬遠され、社会問題にまで発展した。その年のドラフトで4球団の競合の末、監督に復帰したばかりの巨人・長嶋茂雄が当たりくじを引き当てた。

長嶋は、松井を三塁から外野にコンバート。「4番1000日計画」を掲げ、マンツーマン指導で松井を育て上げた。巨人には10年間在籍し、1268試合に出場、通算1390安打、332本塁打、889打点。首位打者に1回、本塁打王に3回、打点王に3回、MVPに3回輝いた。平成15年（2003年）にニューヨーク・ヤンキースに移籍し、メジャーリーグでは計10シーズンプレーし、1236試合に出場、通算1253安打、175本塁打、760打点。ヤンキース時代の09年にはワールドシリーズでMVPに輝いた。2013年には師である長嶋と共に国民栄誉賞を受賞した。

松井秀喜さんは、親子で阪神ファン。また星稜高校は中日と太いパイプを築いていたから、中日か阪神に行くものだとばかり思っていました。ところが超高校級の逸材に、4球団の指名が競合。結局、ドラフトの抽選で当たったのが、巨人でした。松井さんは本音では行きたくなかったんじゃないかな。でも行かないとプロの選手として干されちゃうんで行かざるをえなかった。私は今でもそう思っているんです。長嶋さんは、未来の巨人の4番を担う選手として、随分と松井さんをスパルタ式で鍛えた。そもそも、長嶋さんは稀代の名三塁手で、松井さんも高校時代のポジションはサードだった。本人も本音ではサードを守りたいと考え

石川県が生んだ「球界の至宝」松井秀喜選手
（平成16年8月15日撮影。ワシントン州のセーフコ・フィールド）

ていたようです。

あれは平成5年（1993年）のシーズンです。長嶋巨人は3位になった。ある時、読売グループの総帥である渡邉恒雄さんに会うと、えらく怒っていた。

「どうしようもないな。もう（長嶋監督は）クビだ」

そこで私は渡邉さんに進言したんです。

「松井君を使わんで勝てると思ってるのか。松井君は、俺の小学校の後輩だ。子どもの頃から補欠というのをやったことがない。全部レギュラーだ。だからサードのレギュラーで使わないと本気が出てこない。今シーズンみたいなことをしてたらダメだ」

渡邉さんも私の話に大いに賛同してくれました。しかし、グラウンド内の権限はあくまでも監督にある。打者としては、入団1年目から2ケタのホームラン（11本）をマークするなど、それなりに活躍したけれど、守備に関しては、慣れない外野にコンバートされ、苦労させられた。

長嶋さんも未来のジャイアンツを背負って立つ選手の育成について、非常に頭を悩ませていたみたいです。昭和55年（1980年）のシーズンオフに長嶋さんは一度はクビになった。

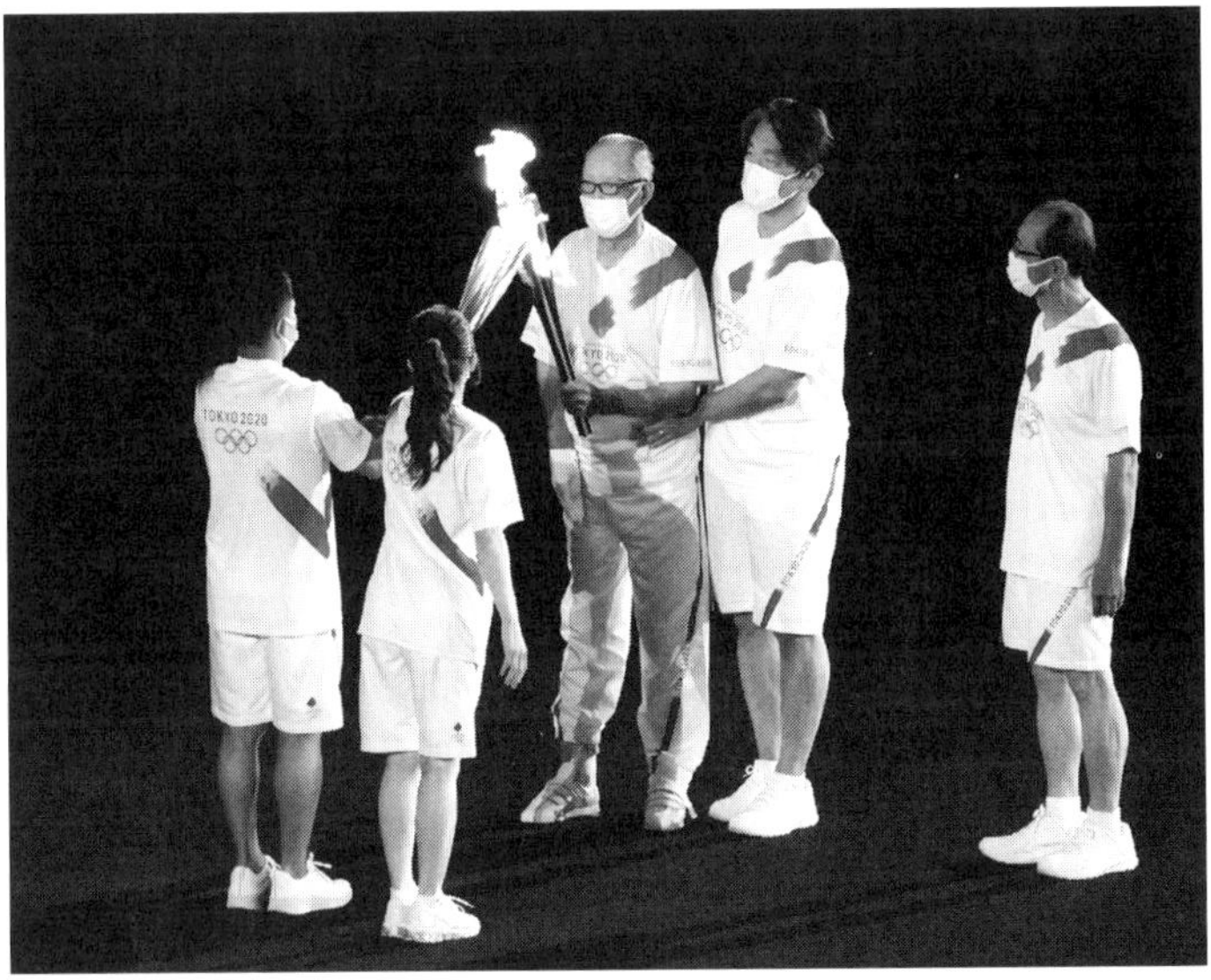

松井秀喜氏の要望で実現した長嶋茂雄氏（左）と王貞治氏とのスリーショット
（令和3年7月23日撮影・国立競技場）

それが原因で読売新聞の購読者が大幅に減少したと言われています。彼の人気は絶大なので、読売も今度ばかりは失敗させたくなかったのでしょう。

いずれにしても、長嶋さんと松井さんの師弟関係は実を結び、松井さんはＯＮ以来の巨人のスターとなりました。それゆえ、東京オリンピックでの３人のトーチリレーには巨人ファンとして目頭が熱くなるものがありました。

あの演出は組織委員会によるものでした。実は、組織委員会では早くから松井さんに聖火リレーに参加してもらおうと考えていた。数年前、私がニューヨークで松井さんに直接、聖火リレーへの参加をオファーしたことで奇跡的なスリーショットが実現したんです。

ただ松井さんは、聖火リレーに参加するための条件を一つだけ出してきた。それは「長嶋監督と一緒なら」というものでした。もちろん私は二つ返事でＯＫしましたよ。王さんについてもオリンピック招致では多大な貢献をしていただいていた。３人による聖火リレーが実現したことは、組織委員会としても実にうれしいことでした。

令和3年（2021年）3月25日に福島県からスタートしたオリンピックの聖火リレー。最終ランナーとして聖火に点火したのは女子テニスの大坂なおみ選手。最終地点である国立競技場では、オリンピック柔道3連覇の野村忠宏さん、女子レスリングの吉田沙保里さんが聖火をつないだ。続いて聖火を託されたのが、長嶋茂雄さんだった。長嶋さんは、平成16年（2004年）に自宅で脳梗塞を発症。その後も後遺症が残ったが、聖火ランナーに備え懸命のリハビリで当日を迎えた。その聖火を盟友の王貞治さんに渡すと、長嶋さんは松井秀喜に腰を支えられながらも、トラックを見事歩き切った。

米国に追いつけ追い越せ

話を少年時代に戻しましょう。戦争が終わり、アメリカ文化が入ってくると、私たちは夢中になりました。映画やファストフードと並ぶアメリカの大衆文化を代表するスポーツが野球でした。野球は戦後、ＧＨＱの指導により真っ先に再開されたこともあって一大ブームとなり、日本中が奮い立ちました。おおげさでなく日本中の子どもたちがプロ野球選手に憧れた。そう〝赤バット〟と〝青バット〟に憧れたのです。

ですから戦中生まれの私のような世代にとってはスポーツといえば野球であり、国民的なスポーツとして、すっかり日本に根づいたのもうなずけます。

子どもの頃、「なるほどな。アメリカっていうのはすごい国だ」と日米野球を観て感動したと同時に、私はアメリカ文化の洗礼を受けました。戦後になり先生が教えてくれた言葉をまざまざと痛感しました。

「日本の敗戦はアメリカの産業力に負けた。日本は自動車を製造するにしても鋼板を工員がトンカン叩いて1台つくるのに対し、アメリカではストリップミル（高速圧延機）であっという間につくることができる。その技術力の差で戦争に負けたのだ」。

続けて「だからアメリカから学ばないといけない」というふうに教わったのです。日本国民は敗戦の経験からアメリカを手本にして高度経済成長を遂げました。我々は戦争に負けたことで初めて、アメリカと日本の国力の差を実感したのです。

後に、政治家になってから、私が教育に力を入れるようになったのは先生の言葉が忘れられなかったからです。日本のような天然資源に恵まれていない国では、教育こそが最高の資源なのです。

第3章

楕円球に憧れて

我が町に早稲田が来た

戦前、早稲田大学ラグビー部のＯＢだった父は、ラグビー部の合宿を根上町に招聘しました。昭和23年（１９４８年）の夏のことでした。当時、小学校5年生だった私には、東京からの大勢の来客をまぶしく見ていた記憶があります。終戦から3年が経過していましたが、まだ食糧難の時代です。学徒動員で戦争に駆り出されていた学生たちが相談して、石川が空襲の被害を受けていなかったことも幸いして、父の元を頼って夏合宿を開いたというのが真相のようです。おかげで父は大変な借金をつくったようで後に「(借金を) 返すまでに10年かかったよ」と苦笑していました。

ラグビーに青春を捧げた父にとっては、早稲田の学生を我が町に迎えることは、一世一代の大仕事でした。それは取りも直さず、父の早稲田への愛情が深かったということの裏返しです。

当時の早稲田は、朝日新聞社員の西野綱三さんが総監督を務めていて、後に大変お世話になる大西鐵之祐さんはまだコーチをされていました。他にも役員数名が、私の自宅で寝泊まりしていました。一般の学生は、地元の浜小学校の家庭科室に宿泊。米や野菜は地元のボランティアの人が持ち寄り、学生たちは自炊をしていました。今の学生からは考えられないでしょうけど、当時の学生にとっては米が腹いっぱい食べられる環境はありがたかった。朝から晩まで練習に明け暮れる学生たちの姿を見ていて、森少年はすっかりラグビーの虜になってしまったわけです。

練習が終わると下級生は調理や洗濯など身の回りの世話をする一方、上級生は地元の子どもと遊んだり、中には女性とデートを楽しむ者もいました。

学生たちの中でも、特に印象深かったのが「ターザン」と呼ばれていたロシア系日本人の橋本晋一さんでした。後に日本代表でも活躍し、早稲田の監督としても黄金期を築いた人物でしたが、子どもたちを前に「ア～アア～」とターザンの物まねをするひょうきんな一面を持ち合わせていました。大きな体だったが、歌もうまいし社交的でスマートな選手でしたね。

そして合宿の締めくくりは金沢の旧制第四高校での早慶戦です。父が慶應のラグビー部に声をかけて実現したものです。早慶戦では、夏合宿では見ることのなかった試合用のジャージーを見て感動を覚えました。普段は泥だらけの選手たちが、実に美しくカッコよく映った。その一瞬で人生が変わりました。私はラグビー選手になろうと決意したのです。

ラグビー選手を目指して

難しいと言われるラグビーのルールですが、私は見ているうちに自然と覚えました。要は、ボールは落とすな。前に投げるな。後ろに放れと。タックルはボールを持っている選手にしろ。それ以外はペナルティが科せられる。その程度で何も問題はなかった。

ただ、私には別の面で大きな問題がありました。高校でラグビーをやるには、金沢の中学校に入学するしかなかったんです。ラグビーをやるため能美郡に住んでいた私は学区外の金沢市立高岡町中学校に入学するしかありませんでした。いわゆる越境入学です。ただ最初の半年は、金沢にある親戚の家で下宿生活を送りました。下宿先には同世代の学生もいたけれども勉強ばかりで窮屈な生活でした。

半年もせずに実家に戻り、1時間余りの通学生活が始まりました。往復2時間の通学生活でしたが、まったく苦にならなかった。高校に入ってラグビーを思いっきりやりたいという思いが勝っていたのでしょう。朝6時に起床してすぐに学校に向かう毎日。学校に着いたらもう腹ペコ。そこでつくってもらった弁当を食べて、授業を受ける。放課後になってようやく部活動です。

帰宅するのは夜の9時、10時頃。そこから勉強するのが日課でした。だが、練習でヘトヘトになっていた私は、教科書だけ開いていたものの、うたた寝ばかりしていました。勉強は十分にはできなかったけれど、充実した日々でしたよ。

高岡町中学にはラグビー部がなかったので、中学校時代はバスケットボール部。そして高校に入ってようやくラグビー部に入部するという夢がかないました。父が根上の町長になってからも金沢二水高校でコーチをしていた関係で、入学後は即ラグビー部の門を叩いた。当時は、二水以外の高校は、威勢のいい学生がたむろする高校がほとんどで、進学校としての選択肢は限られていました。

部活中心の高校時代

ラグビーをやるため二水高校に入学した私ですが、ラグビー部の先輩からは部室に入るなり「森か。あれはダメだな。あんな、ちっちゃいの（選手としては）使いようがない」と失格の烙印を押されました。ほどなくして背は伸びてきたものの、まだひょろっとした体格でした。しかし、その後の成長期で175センチまで背が伸びた。当時の高校生としては大柄な方でした。

私が入学した二水高校は、金沢屈指のラグビーの強豪校でした。当時のライバルは、能登にある羽咋工業高校を筆頭に、泉丘、桜丘、それから鶴来……。石川県内でラグビー部がある高校は8校程度でした。しかし、花園への切符は北陸3県（石川県、福井県、富山県）で、わずか1校だけ。狭き門でした。

ポジションは入部してすぐの頃は、まだ体も小さかったこともあってフルバックでしたが、体が大きくなった2年生からはスタンドオフに転向しました。プレースキックがうまかったことも転向の理由の一つです。


当時の思い出といえば、真っ先に浮かぶのが試合中のケガです。初めてスタンドオフを任された記念すべき試合で、ボールを持った私に、相手が突進してきて、まるで飛び蹴りをするような格好で、そのまま衝突した。「痛っ」と思った時にはもう遅かった。私の左手の小指はぐにゃりと曲がり、もう元には戻りませんでした。まだ、控えの選手なんかいなかった時代です。私はそのまま試合に出続けるしかなかった。おそらく骨折していたのでしょう。ノーサイドになってから、ようやく医者の診察を受けることができたのですが、時すでに遅しでした。

「バカ野郎、今ごろ来てどうする。すぐ来りゃ大丈夫だったのに」

医師から叱られたのは言うまでもありません。今では伊東ゆかりの「小指の想い出」と笑い飛ばしていますが、しばらくは痛みも引かず、包帯で縛ったままで練習をしていた。自分で言うのもなんですが〝ラグビーの虫〟でした。

ラグビー部廃部の危機

進学した二水高校は、元々は女子校でした。元女子校だから、おとなしい校風かといえば、それは大間違い。ケンカっ早い学生もいました。

というのも、学校のある地域はこんぶ漁が盛んで、漁師のせがれがたくさんいた。漁師のせがれだから荒っぽいとはいいませんが、腕に自信があれば、若いんだからケンカもします。中にはタバコを吸う不良もいました。

自慢ではないが、この年まで私はタバコを吸ったことが一度もない。それは森家に、タバコを吸う習慣がなかったからです。

もし私が先生に隠れてタバコを吸おうものなら、「町長の息子がタバコを吸っている」と、すぐに悪いウワサが、町中に広まってしまいます。少なからず、体裁を気にしていた面もあったかもしれません。

ところが、私には無縁なタバコが原因で、高校生活が一変するのですから、人生とはわからないものです。

私が2年生から3年生に進級する時のことです。何人かの先輩が部室でスパスパやっていたことが発覚してしまったのです。

もちろん、神聖なる部室に灰皿などあろうはずがありません。ところが、悪知恵の働く先輩がいて、床の一部をのこぎりで切り抜き、そこに吸い殻を捨てていたのです。吸い終わった後は、切り抜いた木片を被せれば見つかることはありません。要するに証拠隠滅をはかっていたわけです。

さて、ある日のことです。いつものように練習を終え、部室に戻ると、沢田忠信校長が不機嫌な顔をして、私たちを手招きする。

「何かありましたか？」

「まあキミら、ここに座れ！」

そう言うなり、木片をはがし、床下の吸い殻の山を指差したんです。

「いつから吸っているんだ！」

「いや、ごく最近です」

「これが最近のことか！」

動かぬ証拠が目の前にあるものだから、こちらはぐうの音も出ません。結局、ラグビー部は休部に追い込まれました。

自業自得とはいえ、タバコを吸っていた先輩たちは謹慎。残された私たちは不安な日々を過ごす羽目になりました。

そんなある日のことです。生徒指導の浅野律太郎先生が、私を呼び出しました。

「森君、困ったことになったな」

「はい。非常に困っています」

当時は連帯責任が当たり前。先輩たちがやったことですから、私たち後輩には関係ありません――とは口が裂けても言えない時代です。

思案に暮れる私を見ながら、浅野先生が助け舟を出してくれました。

「これだけ問題がおおっぴらになると、いくら後輩だからといって、キミらだけを許すわけにはいかない」

「はい……」

「もし部活を再開するなら、一つ条件がある」

「はい、何でもやります」

「そうか、じゃあ来年は、おまえがキャプテンをやれ！」

「えー！」

ラグビーにおけるキャプテンの存在はグラウンド内における監督と言われるくらい絶大です。「やれ！」と言われ、「はい、わかりました」と簡単に答えられるほど軽々しいものではありません。

他にも理由はありました。当時、二水高校は普通科と商業科に分かれており、キャプテンは進学希望者の多い普通科からではなく、ラグビーに専念できる商業科から選出されるのが慣例となっていました。

「なぜ私がキャプテンをやるんですか。私は進学希望ですよ」

「だったら進学なんてやめろ！」

二水高校ラグビー部ではキャプテンに就任

そう答えたのは浅野先生です。

「この学校にラグビー部をつくったのはキミのお父さんなんだ。それが不祥事で休部になってしまった。我々職員も、大変不名誉に思っている。このまま再開できなかったら、お父さんに申し訳ないだろう。この危機を乗り越えるには、キミがキャプテンを引き受けるしかないんだ」

話を聞いているうちに、私もだんだんその気になってきた。今思うに、浅野先生、なかなか腹のすわった人物でしたね。

しかし、二水高校のラグビー部にはルールがありました。キャプテンは部員による選挙で選ばれるのです。そのことを伝えると、浅野先生は「キミは黙っていればいい。あとは学校側に任せろ」と話を引き取ってくれました。

どうやら浅野先生は、何人かの生徒を呼び、「ラグビー部員の謹慎を解く代わりに、森をキャプテンにせよ！」と命じたようです。もちろん部員に不満などあるはずがありません。雨降って地固まる、とはよく言ったもので、不祥事以来、逆にチームの結束は強くなりましたよ。

キャプテンになったという責任感もあり、私も随分成長することができました。金沢の冬は寒いし、よく雪も降る。厳しい環境がハングリー精神に火をつけてくれた。足腰も鍛えられ、私はスタンドオフとして北陸では注目される存在になりました。数えたことはありませんが、相当トライも取っているはずです。

花園を目指して

私たちの目標は当然、花園出場です。私がキャプテンを務める二水高校は前評判もよく、スポーツ紙にもよく取り上げられていました。

北陸予選は、富山、石川、福井の3県の高校で争われます。我が二水高校は決勝にまで勝ち上がり、富山の魚津高校と雌雄を決することになりました。

このチームには青山武義という北陸きってのスタープレーヤーがいた。ポジションはセンターで、後に明治大に進み、キャプテンになります。私にとっては憎きライバルです。

この青山君をマークしていたのが、中森召平という選手。彼の兄は、私の父を慕って早稲田のラグビー部に入っていました。いわゆるラグビー一家の生まれ育ちで、能力的には申し分なかった。

ところが、中森君の技量をもってしても青山君には勝てなかった。タックルで引っくり返され、そのままインゴールに飛び込まれてしまったのです。試合は、そのままノーサイド。当時のトライは3点。0対3というスコアが、敗れたとはいえ二水高校の大健闘を物語っていました。

森キャプテンの下、二水高校が短期間で力をつけたのには理由がありました。父に頼んで秩父宮ラグビー場での早明戦など、レベルの高い試合に連れていってもらったのです。

石川県では優秀なラグビー指導者として名の通っていた父ですが、あまり技術的なことは教えてくれなかった。「一流の試合を見ればうまくなる」というのが持論で、そこから先は自分たちで考えろ、というスタンスに徹していました。それが生きたのが決勝まで進出した北陸大会でした。

ところで北陸代表になった魚津高校、全国大会では2回戦まで進出しました。中心選手の青山君とは、私が政治家になってから再会する機会がありました。明治大の名伯楽・北島忠治監督のお祝いの会に呼ばれ、私もスピーチしました。「かつての私の最大のライバルは、その後、明治に入った青山君でして……」と言うと「オーイ！」と叫ぶ者がいる。見るからに屈強そうな青年は、確かに青山君でした。昔話に花が咲いたのは、言うまでもありません。

大西鐵之祐先生との出会い

残念ながら花園には行けなかったものの、私のラグビー熱が冷めることはまったくありませんでした。むしろ、今まで以上にラグビーがやりたい、という気持ちが強くなっていった。もちろん、やる以上は父もプレーした早稲田で。

北陸ではちょっとは名の知れた私に、いくつかの大学から勧誘がありました。東は立教大学、中央大学、西は同志社大学……。しかし、早稲田以外の大学は、まったく眼中にありま

スポーツの道に導いた大西鐵之祐先生

せんでした。

さて問題は学力です。白状すれば、私の成績は教科によっては中の下。勉強はお世辞にもできると言えるタイプではありませんでした。

なぜ私が勉強嫌いになったか。それは父の姉、すなわち伯母の存在です。森家は代々医者の家系で、一族で30人くらいは医者になっていました。

医者になるには、当然のことながら猛勉強しなくてはならない。早くに母を亡くし、父が戦地に赴いている間、伯母は母親代わりをしてくれました。教育熱心なあまり、口を開けば私に「勉強しろ」と説教するのです。説教されればされるほど、嫌になるのは世の常でしょう。


しかも私には、致命的な欠点があった。理系の科目、特に数学がまったくダメで、数字を見るだけで教科書を閉じてしまいたくなる。医者が自分には向いていない職業であることは、子ども心にもわかっていました。

医者は無理。早稲田も難しい。八方塞がりの私は、早稲田大学ラグビー部ＯＢの父の縁で上京し、東伏見にあるラグビー部の合宿所に寝泊まりさせてもらうという貴重な機会を得ました。

先輩たちは、私によくしてくれました。食事も、まだ満足にとれない時代なのに、自分の分を少しずつ差し出し、どんぶりに私の分を盛り付けてくれたのです。

ラグビー部員の中には、石川県出身の父の教え子も何人かいました。皆「森先生の息子だ」といって喜んでくれ、高校生の私を日劇や新宿の繁華街に連れ出してくれた。そうすると、ますます東京に行きたくなる。早稲田でラグビーがやりたくなる。学力不足の私を救ってくれたのは、またしても父でした。

父の後輩にラグビー部監督の大西鐵之祐先生がいました。言わずと知れた日本ラグビー界きっての名将です。その大西先生あてに、紹介状を書いてくれたのです。

大西先生から「会ってもいい」という返事がきて、私は住所と地図を頼りに上京しました。ご自宅を見た第一印象は「ラグビーをやっていると、こんな豪邸に住めるのか」というものでした。

今思うと、それほど広くはなかったかもしれませんが、都心の一等地に瀟洒な洋風の家は建っていました。何より驚いたのが、手入れが行き届いた庭のグリーンの芝生。表札代わりにラグビーボールの形をした看板が掲げられており、よく見ると「楽苦美庵」と書かれてありました。

これに田舎の高校生は、いたく感動してしまった。楽しく、苦しく、そして美しい――。それがラグビーの真髄だと言われているような気がして、ますます早稲田でラグビーがやりたくなってしまった。

先にも書いたように、大西先生とお会いするのは小学5年生以来です。幸い、私のことを覚えていらっしゃいました。

こういう言い方も何ですが、私は、入社試験前に「内定」をもらったような気分になりました。それもこれも、すべては父のおかげです。

早稲田大学に入学

大隊長を務めていた父はトラック諸島で終戦を迎えました。そこで父はイギリスの将校たちと親しくなります。もちろん共通点はラグビーでした。

現地ではイギリス人、日本人、それに現地の人たちも交じって、よくボールを追いかけたそうです。時には親善試合も行った、と語っていました。

帰還後、父はことあるごとに話していました。

「イギリス社会ではラグビーをやっていないと将校にはなれない」

おそらく現地で、イギリスの将校から直に向こうの社会のありようを教わったんでしょうね。

父によると、終戦と同時に連合国軍がトラック諸島に上陸してきた。その時、「彼は俺たちの仲間だ」と言って、真っ先に父をかばってくれたのがイギリスの将校だったそうです。そのおかげで、早期の帰国が許されたんだと話していました。

戦地を去るにあたり、イギリスの将校は、友情の証として父に腕時計をプレゼントしました。それを私に見せる時の父は、実に誇らしそうでした。

自慢の父の後を追って早稲田に入りたい。それは親子二代の夢でした。

念願かない、ラグビー部からの推薦を受け、学校主催の推薦学生向けの講習会に参加することができました。これが功を奏したのか、私は無事に早稲田大学商学部に入学することができました。

ここで、一つ、受験の際のエピソードを記しておきましょう。当時、金沢から上野には特急列車で8時間かかりました。上野から渋谷に行き、私は挨拶のため麻布にあった大西先生の自宅に向かいました。持参した受験用具一式と着替えを入れたカバンを、渋谷駅の荷物預かり所に預けたまではよかったのですが、あろうことか、これがすべて盗まれてしまったのです。

これにより、私は追い込みの勉強がまったくできなかった。それでも合格できたのは周囲の人たちのバックアップのおかげだろうと思いますね。

ラグビー部退部の顚末

大学入学後、ラグビー部員は東伏見の寮で合宿生活を送ることになります。しかし、順風満帆とはいきませんでした。

寮ではラグビー強豪校の秋田工業高校や天理高校の出身者などが幅をきかせており、北陸ではちょっとは名の知れた私ですが、体力面、技術面ではまったく歯が立ちませんでした。東伏見での練習は、高校時代とは比べものにならないほどきつかった。グラウンドを何周

ラグビー部退部後は雄弁会で活躍

も走り、タックル、スクラムの練習で私の細かった体は悲鳴を上げました。

いじめこそありませんでしたが、1年生は先輩のスパイク磨きや、洗濯などの雑用をこなさなければなりませんでした。精神的にも気の休まる暇はありませんでした。入部から4カ月が経った頃、私は胃に不快感を覚え、吐血してしまったのです。厳しい練習、慣れない寮生活が、知らず知らずのうちに心身をむしばんでいたのです。

大西先生に連れられて医務室に行くと、医師から「胃カタルで、3カ月くらいは練習を休んだ方がいい」という診断が下りました。その後、病名は胃潰瘍に訂正され、「半年の静養が必要」と申し渡されます。

思わず、私は目の前が真っ暗になりました。

途方に暮れた私は、大西先生の自宅を訪ね、「先生、大変お世話になりましたが、ラグビー部を辞める決心をしました。大学も辞めるつもりです」と正直に話しました。

すると、普段は穏やかな大西先生が血相を変え、「バカモン！」と私を一喝しました。

「大学まで辞める必要はない！」

「いえ、ラグビー部の推薦で大学に入った私に、大学に残る資格はありません」

「ラグビーがなんだ。もっと大切なものがあるだろう。人生は長いんだ。それだけ言うなら、人生を賭けてラグビーに恩返しをしろ。それが、キミのおとうさんへの親孝行だと思え！」

大西先生に話す前に、父にはあらかじめラグビー部を辞めることを伝えていました。気丈な父は何も言わなかったですね。本心では落胆していたと思います。しかし、忠告めいたことは一切、口にしませんでした。

先にも述べたように、父と大西先生は特別な関係でした。大西先生は、監督就任1年目にして早稲田を戦後初の大学日本一に導くのですが、前年、金沢に合宿場所を提供したのが父でした。当然、父への感謝の思いもあったと思います。

それだけに、私の決心は大西先生にとっても残念なものだったでしょう。

「ボクやラグビー部にすまないと思うのなら、立派な人間になって社会で活躍しろ！」

ラグビー部を辞めた私は、目標を失い、しばらくは自堕落な日々を送りました。胃潰瘍が治って、まだ日が浅いというのに、酒ばかり飲んでいた時期もあります。

それでも大西先生からいただいた言葉を忘れたことはありません。ラグビーへの恩返し、社会への貢献。プレーヤーとしての夢を絶たれた私にとって、この二つは生涯をかけて取り

早稲田大学ラグビー部の黄金期を築いた日比野弘氏
（昭和46年１月撮影）

組むべき、新たな指針となったのです。

尊敬すべき先輩・日比野弘さん

わずか4カ月間の寮生活でしたが、その一人がいい先輩に恵まれました。その一人が2学年上の日比野弘さんです。大学4年時に日本代表に選出され、名ウィングとして活躍した日比野さんは、〝大西イズム〟を最も色濃く受け継いだ方です。

名選手でありながら、日比野さんが後輩たちに接する態度は常に紳士的で、私に対しても例外ではありませんでした。

練習で、こんなことがありました。ある4年生が、「今日は1年生、グラウンドをあと30周」と命令したのです。しごきとまでは言いませんが、理不尽ではあります。理不尽に耐えることが美徳であるような論調もありますが、私は決してそうは思わない。

というのも、まだ体もできていない1年生は息が上がり、ヘトヘトになるまで練習している。そこで「もう30周」とやられたら、事故や故障につながることだってないとは言えません。

日比野さんは、後輩の気持ちを察しているかのように、私たちのところにやってきて、「あと1周でいいよ」と、やさしく声をかけてくれるのです。まさしく「地獄に仏」でした。

入部したばかりの私は、まったく心に余裕がありませんでした。北陸ではそこそこ名の知れた選手とはいっても、名門の早稲田では有象無象の新入部員の一人に過ぎません。レギュラーになれるのは、全国レベルの強豪校からやってきた5、6人で、あとは所詮〝その他大勢〟なんです。

私は、そのことに早く気づくべきでした。いや、気づいてはいたんだけど、認めたくなかったと言った方が正しいかもしれません。

「こんなに一生懸命練習し、試合にも備えているのに、練習試合にさえ使ってくれない。いったい何事だ！」

そんな不満さえ抱えていました。

夏頃になると、推薦で入ってきた選手が次々に試合に使われるようになり、〝その他大勢〟とは〝格差〟が生じるようになります。彼ら〝エリート組〟が試合で結果を出すと、こちらはよりみじめになる。

「俺なんかいたら邪魔だろうな」

鬱積した思いが、胃潰瘍の引き金を引いたのかもしれません。希望と挫折、それが4カ月間のラグビー部生活でした。

誇るべきラグビー仲間たち

途中でラグビー部を辞めたとはいえ、楕円球を夢中になって追いかけた仲間たちのことを忘れたことはありません。

その一人が秋田高校出身の伊藤浩司君です。彼は私と同じスタンドオフのグループに属していました。

私が国会議員になった頃、彼は五城目町の町会議員をしていた。請われて応援演説に駆けつけた私は、開口一番、こう言いました。

「伊藤君が皆さんに慕われ、この町にいなかったら、彼は今頃、ラグビーで日本一になっていた。そうなっていたら、この町の繁栄はなかった」

この演説を聞いた伊藤君は、随分喜んでくれた。選手としても人間としても立派な男でした。

他にもFWのバックローだった尾崎政雄君。彼は松山東高出身で、後に八幡製鉄に進み、監督にまでなった。現役時代は日本代表にまでなりました。秋田工業高校出身の志賀英一君。彼はキャプテンになりました。同じく秋田県出身で、志賀君同様、秋田工業からやってきた高橋陽之助君は、藤沢ラグビースクールを開設し、優秀な選手をたくさん育てました。

こうした誇るべき仲間と共に、上井草の合宿所には、OBのメンバーとして「森喜朗」という木札が掲げられている。もちろん、私の父も。それを見ると、今でも涙がこぼれそうになります。

第4章

政治とスポーツ

スポーツ振興がライフワークに

ラグビー部を退部後、森青年は早稲田の「雄弁会」に入部した。1年先輩には青木幹雄、2年先輩に西岡武夫、といった後に名を成す政治家が在籍していた。森青年もまた政治家を志すようになる。

卒業後の昭和35年（1960年）に産経新聞社入社。昭和37年（1962年）からは愛媛3区選出の今松治郎代議士の秘書に。昭和44年（1969年）に石川県第1区に無所属で出馬。64595票で見事トップ当選を果たし、自民党・福田派に入る。自民党の政務調査会では文教部に入り、以降、一貫して教育問題をライフワークにし、スポーツ振興にも精力的に取り組んでいくこととなる。

政治家になっても大西鐵之祐先生の「ラグビーのために力を尽くせ」という言葉は常に頭にありました。師である福田赳夫先生のボディーガードから始まり、国会では石原慎太郎さんや中川一郎さん、渡辺美智雄さんらと共に、若手政策集団「青嵐会」の発足にも参加しました。そして昭和51年（1976年）12月に福田赳夫内閣が誕生します。

私は昭和52年（1977年）11月、福田改造内閣で内閣官房副長官に就任しました。昭和58年（1983年）の第二次中曽根康弘内閣では、文部大臣として初入閣を果たします。この頃になると、スポーツ選手や教育関係者と接する機会も多くなり、全仕事のうち3分の1はスポーツ関連ひいてはラグビーに関する仕事が占めるようになっていきます。これにより私の少年時代からのスポーツ好きは、ますます拍車がかかっていきました。

不世出の横綱・輪島

この頃、国技である相撲の世界とも関係を持ちます。内閣官房副長官に就任したことで、千秋楽で内閣総理大臣杯を渡す役割を何度かしているうちに、相撲協会や現役の力士とも親しく付き合うようになっていきました。

個人的に最も親しかったのが、「黄金の左」で、横綱・北の湖と「輪湖時代」を築き、引退後にはプロレスデビューも果たした地元・石川県七尾市出身の輪島大士さんです。品格が問われる相撲界において、ロールスロイスで会場入りし、銀座のクラブで豪遊するなど破天荒な横綱として知られていましたが、同郷ということもあり、私には腹を割って何でも話してくれましたよ。

郷里の石川県は、昔から相撲の盛んな土地柄です。どの学校にも土俵があり、子どもも同士でよく相撲を取りました。地域の神社にも土俵があって奉納相撲では大人も子どもも同じ土俵で相撲を取るんです。とりわけ能登地方は相撲が強い地域で、昔は穴水町出身の清恵波《きよえなみ》という関取がいました。能登は、輪島を輩出したことで俄然注目を浴びるようになりました。

現役では輪島の遠戚の輝大士（七尾市出身）と遠藤聖大（穴水町出身）も能登出身です。炎鵬友哉は金沢市の出身です。今は日体大出身で天皇杯全日本相撲選手権大会2連覇を果たした大の里泰輝（津幡町出身）に石川県人は大きな期待を寄せています。また七尾市出身のアマチュア横綱（23年天皇杯全日本相撲選手権で優勝）の池田俊も将来を大変嘱望されています。

学士力士初の横綱である輪島は、言うまでもなく郷土の誇りです。彼が素晴らしいのは義理堅さです。たとえば郷里に帰る時、彼は必ず小松空港に降り、私の地元の根上に立ち寄っ

輪島大士は唯一無二の大横綱
（昭和55年11月撮影。九州場所にて優勝）

てから七尾に向かうのです。

とはいえ、当時の私は、政治家としては、まだぺーぺー。日下開山とは地位も格も違いました。後援会長を引き受けられるほどの立場ではありません。そこで私の兄貴分の安倍晋太郎さんに大役をお願いすることにしました。

山口県出身の安倍さんの地元には魁傑という同門の大関がいました。山口県岩国市の出身です。困ったことに魁傑は、あまり地元の会合に顔を出さなかったらしい。それもあって安倍さんは、輪島の後援会長に鞍替えしたと言っていました。

ここでも輪島は義理堅さを見せます。九州場所が終わり、上りの列車に乗っても、必ず山口県で途中下車して、安倍さんの地元の長門に立ち寄ったというのです。天下の大横綱が地元に立ち寄ってくれるのですから、そりゃあ安倍さんは大喜びですよ。私も鼻高々で、紹介者冥利に尽きるものがありました。

大相撲史上、「天才」と呼ばれた横綱は何人もいるが、本物の天才は、この御仁だけだったのではないか。第54代横綱・輪島大士である。

輪島には終生のライバルがいた。第55代横綱・北の湖敏満だ。

優勝回数こそ、北の湖の24回に対し、輪島は14回と後塵を拝するが、直接対決（優勝決定戦を含む）では24勝22敗と2つ勝ち越している。

46回の対戦を、前半と後半に分ければ、前半は輪島が16勝7敗と大きくリードしているが、後半は北の湖が15勝8敗と巻き返している。年齢は輪島が5つ（学年は6つ）上だった。

輪島といえば代名詞は下手投げだ。上手と下手の投げの打ち合いは、体を上からかぶせることのできる上手が有利というのが相撲界の定説である。それを覆したのが輪島だった。


個人的には昭和51年（1976年）春場所の優勝が印象に残っています。3場所連続休場もあり、「もう引退しろ」という批判がある中での優勝でしたから。

私が総理大臣杯を渡したこともあったのですが、横綱は泣いていましたね。翌日の朝刊には優勝賜杯と共に私と横綱の姿があった。それを見て、私も涙がこぼれてきました。

12回目の優勝もよかった。昭和52年（1977年）の九州場所、千秋楽で北の湖と対戦し、電光石火の切り返しで勝った。「輪湖時代」のフィナーレを告げるにふさわしい名勝負でした。

人一倍だった勝負への執念

私は先代の高田川親方（元大関・前の山）とも親しくさせてもらっていた縁で、杉並区の花籠部屋にはよく顔を出していました。残念ながら、輪島の評判は、あまり芳しいものではありませんでした。

そこで、ある日、意を決して高田川親方と春日野理事長（元横綱・栃錦）に聞いてみたんです。

「そろいもそろって、相撲界の古参の親方衆は、なぜ輪島を嫌うんでしょうか？」

お二人の答えは同じでした。

「相撲道を守らん」

格式としきたりを重んじる相撲界にあって、今でいう〝新人類〟風の輪島の言動には随分カチンときていたようです。

確かに輪島の言動や行動には眉をひそめる向きが多かった。本場所中は相撲部屋の合宿所から国技館に通うのが通例になっているのですが、輪島は常宿にしている新宿の京王プラザホテルから通っていました。稽古のスケジュールも自分で勝手に決めていたそうです。その稽古もまた、前例にないことをやっていた。一例をあげればランニング。相撲の稽古といえばシコやテッポウ、股割りなどがすぐに思い浮かびますが、彼は斬新なことをやっていた。それもまた、古手の親方衆の目には〝常識外れ〟と映っていたんでしょう。

門外漢の私が反論するのも何ですが、ランニングが稽古に良いか悪いかは、やってみなければわからない。それで、「ランニングは足腰の鍛錬に役立つんじゃないですか？」と問うと、「それは相撲道に反する」と取り付く島もありません。相撲の世界において、新しいことへの挑戦は、すべて「相撲道に反する」ことだったのです。

輪島が、いかに古手の親方衆に嫌われているかは、千秋楽での取組を見守る彼らの態度を見れば一目瞭然でした。天下の横綱が土俵に上がり、いざ相撲を取ろうとしているのに、支度部屋の畳の上で寝そべっているのです。そんなだらしない態度で、よく「相撲道に反する」などと言えたものです。

輪島が勝つと、「はぁ、また輪島かァ……」と親方衆がいっせいにため息をつく。そして、おもむろに立ち上がり、閉会式が始まる段になって、「じゃあ、行ってくるか」とこうですよ。私は、そうした様子の一部始終を見ていた。これは大変な世界だなと、こちらの方がため息が出そうになりましたよ。

逆に輪島が負けると、「ウォーッ」と多くの親方衆が雄叫びを上げる。相撲の世界が一番大事にしている「礼節」は、いったいどこに行ってしまったのか。私は暗澹たる気持ちになりました。

それでも、私は輪島に忠告しましたよ。

「ちゃんと部屋に寝泊まりして、親方衆の言うことを聞いて稽古しろよ」

その時、珍しく輪島が色をなして言い返してきた。

「森先生、それは違うんです。私は相撲をスポーツとしてとらえている。どうすれば強くなるか。ランニングもすれば階段でのダッシュもします。あるいは、〝黄金の左〟を鍛え、必勝パターンを磨き上げもします。人と同じことをやっていても強くなれないんです。それのどこがおかしいんでしょう。弱い横綱を見て喜ぶ人がいますか」

あまりの剣幕に、こちらが圧倒されたほどでした。

しかし、よくよく考えてみると、古手の親方衆が言っていることより、輪島の言っていることの方が筋が通っている。輪島のやり方を親方衆が否定するのなら、自らの手で彼より強い横綱を育て上げなければならない。それもしないで、ケチばかりつけているその姿は見ていて、あまり気持ちのいいものではなかった。

振り返るに、前例踏襲主義が幅をきかせる相撲界にあって、率先して新しいトレーニングを取り入れた輪島は先駆的な存在だったのではないでしょうか。それからしばらくして、ウエイト・トレーニングで鍛え上げ、筋骨隆々の体をした千代の富士や隆の里が出てきた。確か、彼らが台頭してきたばかりの頃も、輪島と同じような批判にさらされた記憶があります。ウエイト・トレーニングをやれば筋肉が硬くなる、短命に終わる――。

でも実際はそうじゃなかったでしょう。相撲界には、もっとそういった部分を検証してもらいたいと思います。

輪島に話を戻しましょう。引退後、彼は花籠部屋を継承します。ところが、年寄名跡（親方株）を担保にして金を借りていたことが発覚し、それが原因で相撲界を追われます。

あれは気の毒な話でしたよ。実は輪島の身内に、都内で手広くちゃんこ店を営んでいる人がいた。運転資金を必要としていたその人は闇金に手を出し、輪島にまで督促状が届くようになった。他人の借金を返済するため、親方株を差し出したというのが真相なんです。

この件で、随分輪島はメディアに叩かれたけど、私に無心をするようなことは一度もなかった。その意味で、彼は最後まで横綱のプライドを持ち続けていましたよ。波乱万丈な人生ではありましたが、横綱としては一点のくもりもなかった。石川県人、いや日本人の多くが誇りに思える横綱でしたよ。

春日野理事長の涙

私の思春期といえば、横綱・栃錦と横綱・若乃花の、いわゆる「栃若時代」です。栃錦は引退後、年寄「春日野」を襲名し、理事長にまでなられた。

春日野さんは理事長時代、両国国技館の建設に、ひとかたならぬ情熱を燃やされました。ちょうど私が文部大臣だった頃のことです。

聞けば春日野さんは、現役時代から蔵前から両国への移転を考えていたらしい。しかも無借金で新国技館を建設するというのですから、大変な覚悟です。

新国技館完成を成し遂げた春日野理事長
（昭和60年1月撮影。両国国技館）

そんなある日、私は昭和天皇のお隣で食事をする機会に恵まれました。言うまでもなく、陛下は大変な相撲好きです。陛下は国技館の建設工事についてもご関心がおありのようで、私にこうお尋ねになられた。

「どうだね大臣、国技館は順調にいっておるかな？」

「はい、大変順調にいっておりまして、つい先日は、私も棟上げ式に参加して来ました。その際、一番高いところにも上がりました」

「ほお、それはすごいね」

「間もなく（１９８５年）１月場所には、陛下もお越しいただけると思います。それまでに急いで完成するように、今努力しているところであります」

そう申し上げると、陛下は非常にお喜びになられた。ただし、私に向かって、こう釘を刺されました。

「いいかね大臣。これだけはぜひ、春日野理事長に伝えてください。工事を急いで、ケガ人を出したり、火事を出したりしないように」

陛下のお心遣いに大変な感銘を受けた私は、ただちに理事長に連絡をとり、陛下のお言葉を伝えました。

すると理事長、「陛下が……。ハハア……」と言ったきり、押し黙ってしまった。どうやら泣いていたようです。受話器越しに、すすり泣きの声が聞こえてきましたよ。

理事長が初土俵を踏んだのが、昭和14年（1939年）初場所。13歳の時です。そして横綱になったのが、昭和29年（1954年）の秋場所です。

高度経済成長期、少年の好きなものとして〝巨人・大鵬・卵焼き〟があげられましたが、焼け野原の戦後、私たちに勇気を与えてくれたのは初代・若乃花と栃錦の二人でした。

これについては私も同様ですが、戦前、戦中生まれの者にとって、陛下からのお言葉は特別なんです。陛下のお言葉を伝えた際の理事長のすすり泣きには、少々のことでは泣かないと思っている私の涙腺もくすぐられました。日本相撲協会の歴代の理事長の中で、誰がナンバーワンか。私は間違いなく春日野さんだと思いますね。

貴乃花からの電話

平成に入り、理事長の座を巡ってはすったもんだの出来事があった。元横綱の貴乃花が理事長の座を狙って、大胆な行動を起こしたのだ。

貴乃花は、平成15年（2003年）1月に現役を引退後、相撲協会の北の湖理事長を後ろ盾に、相撲協会改革の必要性を訴え始めた。平成22年（2010年）の理事選が無風状態になることを懸念して立候補した貴乃花は、親しい一門の親方衆を集め「貴乃花グループ」を結成。見事、理事の座を得た。平成26年（2014年）には総合企画部長にまで上り詰め、執行部入りを果たした。

ところが平成27年（2015年）11月、北の湖理事長が急逝してから旗色が悪くなる。平成28年（2016年）の理事長選挙に立候補したものの再選を目指す八角親方（元横綱・北勝海）に大差で敗れる。その後、平成29年（2017年）に起きた日馬富士の暴行問題の対応を巡って執行部との対立が表面化。翌年、貴乃花は理事を解任され、2月の理事選挙にも落選。9月に相撲協会を退職した。

親子二代の付き合いだった貴乃花
（平成12年9月撮影。首相官邸）

貴乃花が私に会いたがっているという話を聞いたのは、理事長選挙が近づいた平成29年（２０１７年）12月頃のことでした。おそらく理事長選挙を支えてほしいという狙いがあったのでしょう。

そこで私は八角親方（元横綱・北勝海）と同郷の北海道出身で、非常に親しい間柄の鈴木宗男さんに事情を聴いてみました。

「貴乃花のことは相手にしないでください」

鈴木さん、けんもほろろに、こう言

いましたよ。その口ぶりからも、不快感を抱いているのは明らかでした。

ほどなくして貴乃花から連絡がありました。

「ぜひお会いして相談したいことがありまして……」

「理事長の件か？」

「そうです。なんとしてもやりたいのですが……」

「それはやめとけよ。相手は大先輩じゃないか。我慢していれば、キミは必ず（理事長に）なれるんだよ。そんなに慌てずに、ちょっと待っていたらどうかね」

するとガチャン、ですよ。それ以来、今に至るもまったく連絡はありません。

彼のことは残念でなりません。大鵬が「昭和の大横綱」なら、貴乃花は「平成の大横綱」として大相撲の屋台骨を支えた。お兄さんの若乃花と共に、私は彼らのことをずっと応援してきました。


実は彼のことは、子どもの頃から知っているんです。私は先代の貴ノ花さんとも懇意にさせていただきましたから。二世・三世とはいっても、実力がなければ横綱にはなれない。現役時代の彼は求道者のようで、相撲の神様が宿っているかのようにさえ見えました。

ところが親方になってから徐々におかしくなってきた。現役時代の実績は実績として、親方になれば、ぞうきんがけから始めなくてはならない。

「人間辛抱」。色紙にこう書いたのは、伯父である初代・若乃花ですよ。花田家に、この伝統は息づいていなかったのか。それが私には残念なんです。辛抱とは政治の世界にも言えること。勢いよくはねるのもいいが、池から出たらコイは死んでしまうんです。

宮城野親方の捲土重来に期待する

もう一人、窮地に立たされている大横綱がいます。まだ協会という土俵にギリギリ踏みとどまってはいるけど、彼も貴乃花同様、もう後がない。そう、宮城野親方（元横綱・白鵬）のことです。

令和6年（2024年）2月に弟子の暴力問題が発覚。監督責任を問われた親方は、残った弟子たちと共に一門の伊勢ケ浜部屋に転籍しました。

貴乃花と違って宮城野親方は、礼節の心をしっかり持っておられる。本場所で会っても、必ず挨拶してくれる。誤解しないでくださいよ。何も私は挨拶しろ、と言っているわけでは

横綱・白鵬の断髪式にも列席した
(令和5年1月撮影。両国国技館)

ない。私はそれほど威丈高な人間ではありません。親方は、相手の立場、地位などに関係なく、誰に対しても平等に接するんです。そこに私は、人としての器量の大きさを感じるんです。

周知のように父親のジグジドゥ・ムンフバトさんはモンゴル代表のレスリング選手で昭和43年（1968年）のメキシコオリンピックでは銀メダルをとっておられる。いわば、モンゴルの英雄ですよ。お母さんは医師。小さい頃から英才教育を受けていたんでしょうね。非常に人付き合いがスマートです。

日本の相撲についても、こちらがびっくりするくらい、よく勉強されている。日本の力士も、このくらい勉強しろよ、と言いたくなります。相撲の起源といわれる野見宿禰《のみのすくね》と當麻蹶速《たいまのけはや》の天覧相撲のこと、栃若時代の相撲内容、双葉山の〝後の先〟のこと、まあ相撲博士と呼んでいいほどの博識ぶりです。

これは個人的な意見ですが、相撲をはじめとする日本文化に造詣が深く、また国際感覚をも持ち合わせている親方に将来、理事長としての道が開けてもいいのではないかと思っています。

相撲協会の中には、「理事長は日本人で」という人もいると側聞しますが、令和元年（2

０１９年）に日本に帰化した彼は日本人ですよ。ならば、なぜモンゴル出身者という理由で排除するのか。そんな狭い了見では、大相撲はこの先、発展しないでしょう。

とにかく、宮城野親方が得難い人物であることは間違いない。相撲協会には、彼をもっと大事にしてもらいたい。親方には、今は不憫だろうけど、歯をくいしばって我慢するようにと伝えたいですね。

山下と斉藤の柔道ライバル対決

相撲同様、柔道も私が長年、応援してきた競技です。そのきっかけもまた、文部大臣時代にまで遡ります。

日本柔道の年に一度のビッグイベントといえば、昭和の日の４月29日に開催される全日本柔道選手権にとどめを刺します。


山下泰裕は17歳で全日本選手権に初出場。いきなり準決勝に進出し脚光を浴びた。昭和52年

全日本選手権では山下が斉藤に全勝
（昭和59年４月撮影。日本武道館）

（1977年）から昭和60年（1985年）まで全日本9連覇。昭和55年（1980年）にはモスクワオリンピックを日本政府がボイコットしたことで出場できなかった。昭和59年（1984年）7月に開催されたロサンゼルスオリンピック柔道無差別級決勝では試合途中にケガをしながらもエジプト代表のモハメッド・ラシュワンに押さえ込みで勝って金メダル。斉藤仁も95キロ超級で金メダルを獲得した。

山下さんとは高校時代から面識があります。私が文部大臣だった昭和59年（1984年）、全日本選手権決勝で斉藤さんと対戦した試合は、私も観戦しました。試合は斉藤さんが前半から果敢に攻めましたが、それに耐え抜いた山下さんが優勢勝ちを収めました。

昭和60年（1985年）、二人は8度目の対戦をします。

山下さんは、この試合を最後に引退することを決めていたようです。

「僕には最後、斉藤君の挑戦を受ける義務がある」

こう言い切った山下さんは、真のスポーツマンでした。

「勝った負けたは別だ。柔道界のために頑張ってくれ」

私はそんな思いで、試合を見ていました。

斉藤さんはこの試合に備え、山下さんが得意とする大外刈りをビデオで見て研究していました。斉藤さんによると、山下さんは大外刈りを仕掛ける際、軸足が一瞬緩むというのです。すかさず、そこで切り返す――。そんな作戦を立てていました。

4分過ぎです。斉藤さんが奥襟を摑もうとした瞬間、山下さんは大外刈りと見せ、支え釣り込み足を仕掛けました。裏をかかれた斉藤さんは足を掛け損なったのですが、浴びせ倒しのような形で、一緒に畳に倒れ込んだんです。

斉藤さんには手応えがあったようです。だが審判はポイントを取らなかった。山下さんのスリップと見なしたようです。

結果的には前半、優勢だった斉藤さんに対し、山下さんは後半、一気に攻めた。その印象のなせる業か、山下さんの優勢勝ちに終わりました。

斉藤は昭和63年（1988年）、ソウルオリンピックでロサンゼルスオリンピックに続いて2個目の金メダルを獲得。その年の全日本選手権で初めて優勝を果たした。

平成12年（2000年）からは日本代表（男子）監督を8年務めた。平成27年（2015年）1月、胆管ガンにより死去。享年54歳だった。


斉藤さんは実直な人柄でした。かつて、彼が教員をしていた国士舘大学でゴタゴタがあった。それを気にしていたのか、彼は私に会うたびに「お恥ずかしながら」と詫びていました。彼には何の関係もないことなのに。

「キミが謝る必要はない。自分で大学を立て直すぐらいの気持ちでやりなさい」

私はそうアドバイスしました。

平成10年（1998年）、早稲田の総長だった西原春夫さんが国士舘の理事長になったのを機に、私たち3人はよく食事に出かけました。それにしても54歳ですか……。訃報に接した時には、びっくりして声も出ませんでした。

ところで山下さんの結婚式には私も出席しているんです。奥さんのみどりさんは、銀座にある和光の理事長のお孫さんで、彼女もそこに勤めていた。

私がお店に行くと、よくネクタイを選んでくれましたよ。愛嬌があり、しかもよく気が利くお嬢さんでした。聞けば以前から山下さんのファンということで三愛の社長が見合いをさせたというのです。

二人の披露宴に出席した際、私が「山下君より、私の方が先にみどりちゃんの手を握ったことがある」とスピーチすると、まわりは大笑いしていましたよ。

山下さんに日本オリンピック委員会（ＪＯＣ）会長という大役が巡ってきたのは令和元年（２０１９年）のことです。平成26年（２０１４年）に東京オリンピック・パラリンピック競技大会組織委員会会長になった私は、随分彼に厳しい注文も付けましたが、彼は真摯に受け止め、ＪＯＣ改革の先頭に立ってくれました。

驚いたのは、彼のスピーチのうまさです。柔道家だった頃は寡黙で、社交家でもなかったのですが、環境が人を変えるとはよく言ったものです。世界のスポーツ界のトップや政治家を前にしても、立派なスピーチをしていましたよ。

しかし、不幸は突然やってきます。令和５年（２０２３年）10月、自宅で転んで大ケガをしたというのです。受け身の名手の山下さんが、いったいどうしたのでしょう。今は一日も早い快復を祈るばかりです。

国民栄誉賞誕生の経緯

山下さんが国民栄誉賞を受賞したのはロサンゼルスオリンピックで金メダルを獲った２カ月後の昭和59年（１９８４年）10月です。

ご承知のように、この国民栄誉賞は、第67代内閣総理大臣・福田赳夫さんによって制定されたものです。私の師とも言える大政治家で、私は国民栄誉賞の制定には大賛成でした。

この賞、昭和52年（１９７７年）に王貞治さんが、ハンク・アーロンが持つホームラン７５５本という「世界記録」を抜くことが確実視された時点で、制定が内定しました。

その背景には、スポーツ選手に対する評価の低さがありました。というのも、学者や役者などは文化勲章の対象になる。ところがスポーツ選手で文化勲章を受章した人は、これまで競泳の古橋廣之進さん、野球の長嶋茂雄さん、そして令和５年（２０２３年）に受章したサッカーの川淵三郎さんの３人しかいません。

読売巨人軍終身名誉監督の長嶋茂雄氏（下段中央）の文化勲章受章を祝う会にて。上段左から岸田文雄総理。御手洗冨士夫「燦燦会」会長。山口寿一読売巨人軍取締役オーナー。王貞治福岡ソフトバンク取締役会長。老川祥一読売新聞グループ本社代表取締役会長。村岡彰敏読売新聞東京本社代表取締役副社長。下段右は渡邉恒雄読売新聞グループ本社代表取締役主筆。上段中央が著者（令和3年12月撮影）

第1号の古橋さんにしても、受章は平成20年（2008年）ですから、わずか16年前です。いかに日本ではスポーツ選手が軽んじられていたかがわかります。

はっきり申し上げれば、名称こそ「国民栄誉賞」ですが、この賞はあくまでスポーツ選手を念頭に置いて制定したものでした。

これが文化勲章や文化功労者になると文化庁の中に審査機関があり、専門家の審議を経なければならない。ところが国民栄誉賞の場合、大胆に言えば、総理大臣のツルの一声で決めることができるのです。

一部に内閣の人気取りという声もありますが、有名人が受賞したからといって支持率が上がったりはしませんよ。そこは国民もよく見ていると思います。

高橋尚子と谷亮子

総理大臣時代、私が授与したのは平成12年（2000年）のシドニーオリンピックで、マラソン選手として初めて金メダルを獲った高橋尚子さんです。彼女については国民的な後押しもありました。

総理時代には高橋尚子に国民栄誉賞を授与
(平成12年10月撮影。首相官邸)

もっとも国民栄誉賞には、一部の人たちから「選考基準がはっきりしない」という不満をよく聞きます。というより、そもそも賞の成り立ちからして最初から明確な選考基準など存在しないのです。

あるとすれば、唯一の基準はこれだけです。

〈広く国民に敬愛され、社会に明るい希望を与えることに顕著な業績があった者〉

高橋さんは、それに合致していると私は考えました。

ところが、そのことを快く思っていなかったアスリートもいたようです。代表的なのは平成4年（1992年）バルセロナ大会、平成8年（1996年）アトランタ大会で連続して銀メダルに輝き、平成12年（2000年）のシドニー大会で晴れて金メダルを獲った女子柔道（48キロ級）の谷亮子さんです。

「最高で金、最低でも金」

大会前、こう明言してシドニーに乗り込み、〝有言実行〟を果たした谷さんの金メダルには、私も心から拍手をおくりました。気の早いマスコミは高橋さんとの「W受賞」という見出しを掲げ、彼女をその気にさせてしまいました。

しかし、先述したように決めるのは私です。私は高橋さんには「国民栄誉賞」を、そして谷さんには「内閣総理大臣顕彰」を授与しました。だが、それでも不満は解消しなかったようです。

彼女は柔道を引退した後、小沢一郎さんが後ろ盾となって、平成22年（2010年）の参議院選挙に立候補し、当選を果たしました。予想通りスポーツ議連に入ってきたのですが、「橋本聖子さんはJOCの役員になられたり、バンクーバー冬季オリンピックの団長になられたのに、なぜ私はなれなかったのか？」など、随分、私憤めいたことを話していました。

志を立ててなったはずの政治家も、わずか6年で引退してしまった。いったい、政治の世界で何をやりたかったのか。最後まで、私にはそれがわかりませんでした。

アスリート議員生みの親

アスリートの政界進出は、今では珍しいことではありません。では誰が先鞭をつけたのかと言えば、他ならぬ私です。

私が自民党の幹事長になったのは細川連立政権誕生直前の平成5年（1993年）7月で

す。結党以来、初の野党となり、平成7年（1995年）7月には参議院選挙が控えていました。その目玉候補として地元・石川県の後輩で、ロサンゼルスオリンピックに出場したことのあるレスリングの馳浩さん、スピードスケートと自転車で、オリンピックに計7回も出場し、平成4年（1992年）アルベールビルオリンピックでは銅メダルに輝いている橋本聖子さん、そして昭和43年（1968年）メキシコオリンピックで、日本を銅メダルに導いたサッカーの釜本邦茂さんに白羽の矢を立てました。

まず馳さんですが、彼に声をかけたのは、平成7年（1995年）4月、アントニオ猪木さんが中心となって北朝鮮の平壌で開催した「平和の祭典」直後です。

馳さんは出身こそお隣の富山県ですが、小学校時代に養子になって石川県に移り住み、星稜高時代は国体で優勝しています。大学卒業後は母校の教員となり、その後プロレスラーに転身するのですが、その縁で私は師匠筋のアントニオ猪木さんから選挙応援をしてもらったことがあります。

橋本さんについては、まだ現役のアスリートだったため、比例区からの出馬を要請しました。もう一人の釜本さんについては、早稲田のＯＢの伝手を頼りに、何とか出馬にこぎつけました。

なぜ、3人もアスリートや元アスリートに出馬を要請したか。それは、幹事長たる私の危機感のなせる業です。

というのも、「東京佐川急便事件」などをきっかけに、自民党が分裂。平成5年（1993年）8月には細川連立政権が誕生し、自民党は下野します。

メディアは連日のように「無党派層の逆襲」と書き立てました。この流れを変えるためには、どうすべきか。

幹事長の私は、候補者の選定にあたり、次のように訴えかけました。

「無党派層が有権者の半分を超える現状では、国民各層から支持を集めなければならない。スポーツ選手の若さや、爽やかさは大変な魅力です」

一部には「政治の素人に何ができる」という冷めた声もありましたが、背水の陣の自民党に、そんなことをいちいち気にしている余裕はありませんでした。

では知名度のあるアスリートなら誰でもよかったのか、と聞かれれば、決してそんなことはありません。目標のために努力を惜しまなかった人、夢を実現させた人、前向きな性格の人――。こうした条件を充たした人物として、先の3人が選ばれたのです。

韓国議員もケガした元レスラー馳浩さん

３人の中で、今最もリーダーシップが試されているのは令和４年（２０２２年）３月に石川県知事に就任した馳さんでしょう。

令和６年（２０２４年）１月に能登半島地震が発生し、現在は復旧、復興の陣頭指揮にあたっています。

政治家には体力も必要です。この苦境を乗り切るにあたり、馳さんはうってつけの人物です。私も機会を見つけては、地元のために何かできないかと思案を巡らせているところです。

その馳さんとの間には、忘れられないエピソードがあります。平成16年（２００４年）４月に私が中心となり、「国会ラグビークラブ」を創設しました。プロレスラーといえどもラグビーは初心者です。「なんでボールを前に投げちゃいけないんだ」とブツブツ言いながらも、ルールを守り、相手にタックルする姿は、実に頼もしく映ったものです。

橋本さんは令和元年（２０１９年）９月に東京オリンピック・パラリンピック競技大会担当大臣に就任し、令和３年（２０２１年）２月には、私の後任として２０２０東京オリンピ

現在は石川県知事の馳浩の引退試合。ヒールのレスラーが著者（右上）を挑発する一幕も（平成18年８月撮影。両国国技館）

ック・パラリンピック競技大会組織委員会会長という大役を果たしてくれました。この件については、また稿を改めて述べてみたいと思います。

Jリーグ初代チェアマン川淵三郎さんの功績

年齢は私より一つ上ですが、いつ会っても若々しいのがJリーグ初代チェアマンの川淵三郎さんです。

私と川淵さんとの最初の出会いは、平成14年（2002年）のサッカー日韓ワールドカップを巡る会合でした。川淵さんは平成5年（1993年）5月にスタートしたJリーグのチェアマンで、私はスポーツ議員連盟の副会長。その関係で親しくなり、腹を割って話すようになりました。

「地域密着」を旗印にしたJリーグの誕生は画期的でした。戦後最大の人気スポーツといえば新聞社や鉄道会社などが親会社のプロ野球。そこに風穴を開けたのですから見事というしかありません。

実はJリーグの成功を目の当たりにして、私もラグビーのプロ化を検討したのですが、誰

サッカーのプロ化の功労者、川淵三郎日本サッカー協会
プロリーグ検討委員長＝当時＝（平成３年２月撮影。都内ホテル）

に聞いても「採算がとれない」という。要するにプロ化は無理筋だと。ラグビー界には、あるべき理想を掲げ、スポーツにもビジネスにも精通した川淵さんのような切れ者がいなかったと言えるかもしれません。

W杯招致議員連盟が二つ存在

平成6年（1994年）6月、自民党と社会党、新党さきがけによる「自社さ連立政権」がスタートします。この時の強力な野党は、実質的には小沢一郎さん率いる新生党でした。実は、政界のパワーバランスの変化が、サッカーW杯の招致活動にも大きな影響を与えます。ある時、自民党幹事長の私に、元総理の竹下登さんから相談がありました。

というのも、元々、W杯の招致を進めていたのは自民党を中心とする「W杯国会議員招致委員会」でした。ところが平成5年（1993年）8月に細川護熙政権が誕生すると、新生党代表幹事の小沢さんに実権が移ったのです。

これに慌てたのが日本サッカー協会（JFA）です。JFAは小沢さんに新たな「招致議員連盟」の結成を依頼したため、日本国内に同じ組織が二つできるという困った事態になっ

ラグビー早明戦を観戦する村山富市氏（中央）と自社さ政権のメンバー
（平成6年12月撮影。国立競技場）

てしまったのです。

細川連立政権が崩壊し、社会党の村山富市さんを首班とする自社さ連立政権が誕生したのが平成6年（1994年）6月。直後、JFAは竹下さんに「招致議員連盟を一本化してほしい」と依頼します。

しかし、事はそう簡単ではありません。交渉相手は、一度は自民党を下野させた剛腕で鳴る小沢さんです。あの交渉上手な青木幹雄さんが「小沢かぁ……」と頭を抱えたほどの相手です。

竹下さんが私を頼ったのは、細川連立政権下で丁々発止やり合いながらも太いパイプを持つ私に調整役を期待してのことでした。

早速小沢さんに掛け合うと、二つ返事で了承してくれた。こちらが拍子抜けするくらいでした。想像するに新進党が自社さ連立政権を脅かす勢いだったこともあり、小沢さんは政争に目が向いていた。サッカーW杯など眼中になかったのでしょう。

いずれにせよ、交渉はあっという間にまとまり、招致議連は超党派で運営することが確認されました。この一本化は、招致活動を行う上で非常に有利に働きました。バラバラでは国際サッカー連盟（ＦＩＦＡ）の信頼を得ることはなかったでしょう。

この一本化を機に、平成6年（１９９４年）12月には、私が副会長を務めていた「スポーツ議員連盟」も合流し、新たに「２００２年W杯日本招致国会議員連盟」が発足します。

会長には総理経験者がいいということで、宮澤喜一さんに相談したところ、快く引き受けていただきました。またスポーツ議連会長だった櫻内義雄さんには顧問をお願いし、これも快諾を得た。議連の副会長には私、小沢さん、そして社会党の久保亘さんが就任することになりました。

議連の一本化により、ＦＩＦＡが懸念していた政府保証に道筋がつきました。スポーツについてさほど詳しくない宮澤さんは「後は任せた」と招致の活動業務を私に一任してくれました。それ以降、私は川淵さんと共に招致活動に奔走することになったのです。

日韓W杯共同開催の真相

日本にとっての強敵は、日本より4年あとに立候補した韓国でした。韓国の鄭夢準大韓サッカー協会会長は平成6年（1994年）5月にFIFA副会長に就任していました。しかも現代重工業の社長を務めた大物。まだワールドカップに出場したことのない日本が、アジアの常連国の韓国より先にワールドカップを開催することなど許せない、という思いがあったようです。

私はワールドカップ杯招致委員会実行副委員長という立場だった川淵さんと一緒に、何度も韓国に足を運びました。政財界あげて招致に奔走する韓国は、日本にとって脅威でした。

韓国の招致活動には金品が飛び交っているというウワサもありましたが、川淵さんは「我々はフェアプレーの精神でいこう」と主張して、最後までクリーンな招致活動にこだわった。さすがスポーツマンだと思いました。

これは昭和63年（1988年）のソウルオリンピック招致の際もそうですが、韓国は投票権を持つ委員に対し、飛行機代や宿泊代を持つのは当たり前。冷蔵庫やテレビ、時計などを贈ったというウワサも聞きました。韓国の陳情団は、なぜかいつも大きなトランクを持っていました。こうした〝奥の手〟を封印した日本は、Jリーグの実績やスタジアムをはじめとするインフラ整備の現状を前面に打ち出し、正攻法で勝負しました。

しかし、結果は予期せぬ「日韓共同開催」。この経緯については二宮さんが詳しいので、彼の著作から引用しましょう。

運命を決した一通の手紙のコピーが手もとにある。

FIFA（国際サッカー連盟）のJ・S・ブラッター事務総長が、長沼健日本サッカー協会会長に宛てたものだ。

概要は次のとおり。

〈FIFAに提出された1996年5月15日付の手紙のなかで、韓国サッカー協会はFIFA理事会による要請があれば、上記イベントの共催の可能性について考える、と述べました。

２００２年ＦＩＦＡワールドカップ共催についての、貴協会の見解をお知らせ下さいますよう お願い致します〉

この手紙が日本の招致委員会関係者が詰めるホテルに届いたのは5月30日の午後2時30分頃（スイス・チューリッヒ市の現地時間）。日本か韓国か――。２００２年ワールドカップ開催地が決定するのは6月1日のＦＩＦＡ理事会においてだが、その前日の31日には共催の可能性について話し合われることになっていた。

実はこの手紙が届く少し前にブラッター事務総長は電話で岡野俊一郎実行委員長に先の手紙と同趣旨の打診をしている。それを見た衛藤征士郎日本招致議員連盟事務総長（元防衛庁長官）が「そんな大事なことを口頭で決めてはダメ。文書にして持ってこさせなさい」と咎めたのだが、この電話で事実上、共催は決定したと考えていいだろう。

30日の午後、宮澤喜一議員連盟会長をはじめとする招致委員会関係者が詰めたホテルの一室は重苦しい雰囲気に包まれた。衛藤事務総長が語る。

「ＦＩＦＡに〝共催〟というルールはないのだから、乱暴きわまりない話ですよ。しかしわれわれが抗議した場合、日本だけが孤立する可能性がある。そこで単独開催投票に持ち込んだところで、ヨーロッパの8票、アフリカの3票、それに韓国票が1票加わると、10対12で負けてしまうんです。心情的には全員、(共催に)反対だが、苦渋の選択をしてここは決断するしかないと。韓国が〝FIFAの指示に従います〟と言っているのに、われわれが突っぱねるわけにはいかないでしょう」

翌朝、岡野実行委員長はFIFAハウスに赴き、ジョアン・アベランジェ会長あての返信をブラッター事務総長に手渡した。概要はこうだ。

〈FIFA事務総長ブラッター氏の要請に応え、FIFAが望むのであれば、われわれは共催の可能性について考慮します〉

しかし、この時点でもまだ日本は完全に単独開催を諦めたわけではない。それが証拠にアベランジェ会長に宛てた手紙では、〝consider〟(考慮)という単語を用いている。本気で共催を受け入れる気があったなら〝accept〟としていただろう。日本は〝神風〟を期待し、6期22年もの長きにわたってFIFAに君臨し続けてる親日派の独裁者(アベランジェ会長)の剛腕に、一縷の望みを託したのである。

だが、〝神風〟は吹かなかった。それどころか、日本からの返信をよりどころに、理事会で「共催」の口火を切ったのは、ほかでもないアベランジェ会長自身だった。(中略)

話を冒頭の手紙に戻そう。なぜ共催を打診するブラッター事務総長からの手紙が、日本には

5月30日到着であるのに対し、韓国へはそれより15日も早い5月15日だったのか。31日の午前9時には理事会が開かれるのだから、日本の場合、考慮もヘチマもあったものではない。いわばFIFA側からの押しつけ、いや恫喝である。

そもそも〝Co-hosting〟(共催)などという聞き馴れない言葉が表舞台に正式に登場したのはいつからだろう。資料を調べた結果、94年10月のことだと判明した。FIFA副会長にして大韓サッカー協会会長をも務める鄭夢準氏が広島アジア大会でAFC(アジアサッカー連盟)の幹部を通じ、川淵三郎日本サッカー協会副会長(Jリーグ・チェアマン)に接触を図ってきたのである。それ以来、日本は浮かんでは消え、消えては浮かぶ「共催」という名のカードに翻弄され続けることになる。

では、なぜ鄭夢準氏は唐突に「共催」なるカードを持ち出してきたのか。これは推測だが、「共催」が第三者の入れ知恵か、もしくは鄭夢準氏が考えついたものかはともかく、それはあくまでも交渉を有利に導くための〝捨てカード〟の1枚だったのではないか。

そもそも韓国の立候補は同国の四大財閥のひとつ、現代グループの御曹司でもある鄭夢準氏自身のスタンドプレーによってなされたものであり、〝打倒日本〟に招致活動の主眼は置かれていたといっても過言ではなかった。

94年5月、鄭夢準氏はAFC総会で日本人候補者を破り、FIFAの副会長という要職に就いたものの、アベランジェ会長と日本との間にくさびを打ち込むことはできず、状況は「日本有利」のまま推移していく。ならば、とオポジション勢力に目を向けたところ、アベランジェ会長の6選に異を唱えるヨハンソンUEFA（欧州サッカー連盟）会長をはじめとするヨーロッパの理事たちの姿が視界に入った。敵の敵は味方である。鄭夢準氏はこのころから「FIFAを民主化すべし」としてアベランジェ批判を強め、それによってヨーロッパの理事たちの信頼を得ることに成功した。ヨーロッパは22票中8票を占める大票田。しかもヨハンソン氏のお膝元のスウェーデンを中心とする北欧4カ国は、2006年の本大会に「共催」で臨みたいとの意向を明らかにしている。

ヨーロッパの理事たちからすれば、反欧政策やたび重なる粛清人事で恨み骨髄のアベランジェ会長が援護する日本を支持したくないものの、さりとて施設面やインフラ、もっと大きな視点でみれば安全保障面で日本よりも著しく条件の劣る韓国を素直に支持するわけにはいかない。しかし「共催」なら「敗者を見るにはしのびなかった」と善人ぶったコメントのひとつも残せば大義は立つし、選挙に突入してヨーロッパ票を切り崩されることもない。日韓両国が北欧4カ国共催の成否を占うモルモット役にもなる。加えて同じく「共催」の可能性を模索するアフリカ勢をも味方につけることもできる。さらにはアベランジェ会長の独裁的な運営にストップをかけ、権力奪還の奇貨とすることも可能となる。かくして鄭夢準氏の〝捨てカード〟は、ヨハンソン氏の手に移ってオールマイティの〝ジョーカー〟に化け、勢いを得て公道を闊歩し始めるのである。

アベランジェ会長がチューリッヒ入りする2日前の5月23日、その機先を制するようにヨハンソンUEFA会長はここぞとばかりにジョーカーを切ってきた。「1国単独開催を原則とする現規約を改正し、共催に道を開く提案をする意向だ」と記者会見で明言したのである。アベランジェ会長に対する文字どおりの宣戦布告だった。この時点では先述したように韓国からは「共催OK」の手紙を受け取っているわけであり、運命共同体であるアベランジェ会長と日本は外堀を埋められたも同然だった。

腑に落ちないのは「共催」の事務方を買って出たブラッター事務総長の存在である。冒頭で紹介したように日本への恫喝ともとれる手紙はブラッター事務総長が出したものであり、アベランジェ会長のサインはどこにも見当たらない。さらにいえば岡野氏が届けた返信はアベランジェ会長に宛てたものだが、直接、ブラッター事務総長が受けとり、自身でサインをしている。うがち過ぎかも知れないが、スイス人のブラッター氏はアベランジェ会長の腹心として本当に信用に足る人物だったのか。かつてアベランジェ会長に反旗を翻した科で現在は監視下に置かれているという情報もあるが、それが事実ならヨハンソン氏をはじめとするヨーロッパの理事たちと水面下で気脈を通じていた可能性も否定し切れない。しかし一方では、形勢不利なアベランジェ会長を守るために日韓双方の首に「共催」の鈴をつけ、ヨーロッパとの全面戦争を回避したと見ることもでき、実際のところ彼の本心がどこにあったのかは定かではない。あるいは、すべては恐怖政治でFIFAを支配するアベランジェ会長の描いたシナリオであり、彼は指示どおりに動いたコマンドに過ぎなかったのか……。

ひとつだけ、確認された事実がある。すべてが決まった30日の午後、アベランジェ会長はチューリッヒではなく、そこから150キロ以上も離れたローザンヌでIOC（国際オリンピック委員会）のサマランチ会長と会食していたのだ。そこで彼は傷心を癒やしたのか、それとも真犯人ゆえに、〝犯行現場〟を離れ、事の推移を見守っていたのか、それは誰にもわからない。

（『月刊現代』1996年8月号より一部抜粋）

日本側は最後まで勝利を信じていました。平成8年（1996年）の6月1日にスイスの

サッカー日韓ワールドカップで日本はロシア相手にW杯初勝利。
左は中田英寿。中央は松田直樹（平成14年6月撮影。横浜国際総合競技場）

チューリッヒでのＦＩＦＡ理事会で開催国が決まるスケジュールでした。私は現地に行くことはかなわなかったが、招致議員連盟の宮澤喜一会長をはじめ衛藤征士郎事務総長、川淵さん、２００２年ＦＩＦＡワールドカップの日本招致委員会副会長を務めていた長沼健さんも現地に駆けつけていました。

ところが、開催国決定の2日前、ＦＩＦＡのＪ・Ｓ・ブラッター事務総長が長沼健日本サッカー協会会長に親書を送ってきます。

「ＦＩＦＡに提出された１９９６年５月15日付の手紙の中で、韓国サッカー協会はＦＩＦＡ理事会による要請があれば、上記イベントの共催の可能性について考える、と述べました。

２００２年ＦＩＦＡワールドカップ共催についての、貴協会の見解をお知らせ下さいますようお願い致します」

まさに、事実上の「日韓共同開催」の勧告でした。日本側は、岡野俊一郎ＦＩＦＡワールドカップ日本招致委員会実行委員長の名前で「考慮中」と回答しますが、１日の理事会冒頭でアベランジェ会長は、「日韓共同開催」を明言しました。日本の招致委員会は意気消沈。まるで、お通夜のように悄然とした雰囲気だったそうです。

だが、ＦＩＦＡの動きとは別に私は竹下さんから「日韓共催案」について、事前に話を聞かされていました。竹下さんは日韓議連の会長を務めていたので、共同開催案が両国にとって落としどころになると考えたのでしょう。ＦＩＦＡの理事会直前に、「日韓の共同開催しかないな」と漏らしていましたから。

日本は、必ず投票で勝てるとは限らないし、韓国に負ければ国内の世論は大騒ぎになり、両国関係が悪化し外交問題にもなりかねない。ＦＩＦＡのみならず、日本も韓国もメンツが立つのが「日韓共同開催」案だったのです。この政治的な「阿吽の呼吸」こそ、竹下さんの真骨頂。結果的に、平成14年（２００２年）の日韓サッカーワールドカップは、アジア初の大会として、大成功をおさめます。

ところが事情を知らない日本の世論は、招致委員会を含め、敗戦ムードが支配していました。それをやわらげたのが、韓国からの提案でした。

「韓国に開幕戦をやらせてくれ。決勝は日本でいい」

韓国が開幕戦の自国開催にこだわり、決勝戦を譲ったことで、日本側も少しは安堵したようでした。

日韓議員サッカー交流始まる

当時の日韓関係は、歴史教科書問題が喉に刺さった骨となり、難しい局面を迎えていました。一方で、日韓関係を改善したいという機運も高まっていた。私も43年間の政治家生活を通じて議員連盟をいろいろやりましたが、「2002年W杯日本招致国会議員連盟」ほど議員が大挙して集まった議連は他にありません。それほど、アジア初となるサッカーワールドカップへの関心が高かったのです。その副産物として日韓の議員同士のサッカー交流も始まることになりました。

平成10年（1998年）にスタートした日韓議員による交流戦の記憶は、今も鮮明です。親善試合といえども、お互い負けたくない。ルールの決定ミーティングの時点から〝舌戦〟が始まりました。

もちろん、こちらのエースは釜本邦茂さんです。ところが韓国の議員は「カマモトはドリブルはいいけどシュートは禁止」というルールをこちらに押しつけてきたのです。まったくもってひどい話ですが、確かに釜本さんがバンバン、シュートを決めたら試合にならない。そこでこちらも仕方なく了承しました。

釜本さんの右足が封じられれば、こちらに勝ち目はありません。確か私が参加した試合は日本の2勝5敗とまったく振るわなかった。

そこで、ある時、私は提案しました。

「やっぱりスポーツにこういうハンディはよくない。自由にやろうよ」

ハンディが取り除かれた試合で釜本さんは2本シュートを決め、日本が勝ちました。第2章で、少年時代の野球大会について述べましたが、昔から私はこういう交渉事が得意でした。

議員間の交流戦では、こういうこともありました。プロレス出身の馳さんに出場を打診したところ、快諾してくれた。なぜ馳さんに出てもらったかというと、韓国には元軍人の議員

第2回日韓国会議員サッカー試合で活躍する釜本邦茂氏
（平成11年3月撮影。国立競技場）

が多いのです。彼らは屈強な肉体を誇り、次々に日本のひ弱な議員を蹴散らしていく。そこで馳さんの出番です。さしもの韓国の偉丈夫たちも、鍛え抜かれた馳さんには勝てません。親善試合といえども、真剣勝負です。だからケガもします。ある試合で、馳さんとぶつかった韓国の議員が負傷してしまいました。

さすがに申し訳ないことをしたと思った私は、翌日、謝罪に訪れた。

すると、その議員、「ケガをするのは日頃の鍛錬が足りない証拠。お恥ずかしい限りです」と逆に恐縮しているではありませんか。

お見舞い金を手渡そうとしても、頑として受け取ろうとしない。

「これは公務ですから……」

いやはや、その姿勢は敵ながらあっぱれでしたよ。サッカーであれラグビーであれ、スポーツをやれば、その人物の人柄や器量がわかるものです。巧い下手ではないんです。これだけは申し上げておきたい。

日韓ワールドカップを機にスタートした議員間のスポーツ交流は今も続いています。韓国の政権が変わり、日韓関係がぎくしゃくした時期もありましたが、これは今も続いています。サッカーを通じて人脈ができ、政治の場にも生かされている。これはスポーツ外交の誇るべき成果と言っていいんじゃないでしょうか。

私は日韓サッカーワールドカップを成功させたことで、自らのテリトリーであるラグビーを、今以上に豊かなものにしないといけない、国際的なものにしないといけない、という使命感をより強く持つようになりました。

いずれにしてもサッカーワールドカップの開催により、全国に数万人規模のスタジアムがいくつも誕生し、地方にいても国際試合を見ることができるようになった。少年の私が12時間もかけて甲子園に野球の観戦に出かけた頃とは大違いです。

川淵さんをはじめとするサッカー関係者は、本当に立派な仕事をされたと思います。

第5章

ラグビーワールドカップ

日韓サッカーワールドカップが蒔いた種

平成14年（２００２年）のサッカーワールドカップ日韓大会の開催は、世界中に日本が国際的なスポーツ大会を運営できることをアピールしました。昭和39年（１９６４年）の東京オリンピックとは違った意味で、非常に有意義でした。その結果、全国に数万人規模の観客を収容できる天然芝のサッカースタジアムがたくさん造られることになりました。

サッカーJリーグ（J１）のアルビレックス新潟は、クラブができた当初「新潟にサッカーファンはいない」と言われたそうですが、今ではまちのシンボルになっています。熱狂を支えているのが新潟スタジアムです。また浦和レッズの本拠地・埼玉スタジアム２００２は、今や日本代表のホームスタジアム的役割を果たしています。

このように国際的なスポーツ大会を日本で開催することが、スポーツ界をより活性化する起爆剤になる。それを証明したのが、サッカーワールドカップ日韓大会でした。一方、令和元年（２０１９年）のラグビーワールドカップと令和３年（２０２１年）に開催された２０２０東京オリンピック・パラリンピックは、日本という国が安全かつスムーズな大会運営ができることを世界に知らしめました。

サッカーの次はラグビーだ。私には、確かな勝算がありました。ラグビーワールドカップは、昭和62年（1987年）の第1回大会から数えて30年以上の歴史がある。その中でラグビーにかかわった人は大勢いる。ましてや日本のラグビーは明治以来、実に120年もの歴史を誇る。そういった先人たちの情熱を考えると、「ラグビーに恩返ししろ」という大西鐵之祐先生の言葉が脳裏によぎりました。

ラグビー界にも危機感がありました。平成14年（2002年）当時、サッカー人気に押されて競技人口は減少の一途。平成15年（2003年）にはJリーグに追いつけとばかりにトップリーグをスタートさせましたが、集客力はサッカーに大きく水を開けられていました。

受け継がれたラガーマンの遺志

平成12年（2000年）4月5日、私は85代の内閣総理大臣に就任しました。自自公連立を巡り、自由党党首の小沢一郎さんと会談。ほどなくして小渕恵三さんの体調が急変。総理の職務がまっとうできなくなり、私に白羽の矢が立ったのです。まさに青天の霹靂でした。6月の衆院選挙、7月の沖縄サミットとスケジュールは目白押しでハードな日々が続きました。その時期、思わぬ再会を果たしたのが、外務省の国連政策課長だった奥克彦君でした。

彼は元々、早稲田大学ラグビー部の出身。昭和44年（1969年）に国会議員になった私の元へ、師である大西鐵之祐先生から紹介されたのがきっかけでやってくるようになりました。大西先生からの手紙によれば、花園でも活躍したラガーマンだったが、どうしても外交官になりたくて外務省に入ったとか。だが、どこかで自責の念にさいなまれているという内容でした。入省後、奥君は英国のオックスフォード大学に留学していたので、それほど親しくなることはなかったのですが、私が総理に就任すると、官邸に出入りするようになり国連の動向を逐一教えてくれるようになりました。

私の秘書官も外務省からの出向組でしたが、奥君の猪突猛進ぶりを見過ごすほかありませんでした。奥君は会話の最初こそ、国連に関する話題をしますが、そこからはラグビーワールドカップの話ばかり。それは、サッカーワールドカップ日韓大会の成功を目にしていたからでしょう。

「先生、絶対にラグビーワールドカップを日本に招致しましょう。今がチャンスです」

繰り返し奥君の熱い思いを聞いているうちに私もすっかりその気になってしまいました。奥君は「外務省は面白くない。どこかに行かせてくれ」と私に直談判に及びました。結局、参事官として、再び英国に渡ることとなったのです。

当然、奥君の目的はラグビーワールドカップの日本招致です。ワールドラグビーの前身組織だったＩＲＢ（世界ラグビーボード）はアイルランドのダブリンに本部を構えていました。奥君は積極的に情報収集をして、逐一、私に届けてくれました。

そんな矢先、奥君が「イラクに行きたい」と言い出します。イラクは当時、サダム・フセイン大統領による大量破壊兵器所持の疑念から、アメリカを中心とする多国籍軍による軍事介入が行われていました。奥君は外交官としての使命に燃えていたようでした。

「イラクに行ったところ、大使館に日本人の外交官が誰一人いない。これではイラクの子どもたちに将来、『日本は何もしてくれなかった』という記憶しか残らない。外交上も非常にマイナス。誰も行かないなら私が行くしかない」

奥君たっての頼みと気迫に私も根負けしてしまいました。結果的に外務省からの長期出張という形で決着を図り、奥君は望んでイラクへと向かいました。

訃報が届いたのは翌平成15年（2003年）の11月末でした。奥君と同行していた井ノ上正盛書記官の車が襲撃され、運転手ともども死亡したとのことでした。

私にとっても早稲田大学のラグビー部にとっても大変ショッキングな事件でした。追悼式で号泣する外務省職員たちの姿を見て、私自身、大きな責任を感じざるをえませんでした。

だが、奥君の遺志は受け継がれ、今も彼の大好きだった英国で「奥メモリアルマッチ」を毎年、行っています。かつては彼の外務省の同期が中心でしたが、今ではオックスフォードの学生や趣旨に賛同する人が自発的に集まってきている。日本にも彼の名前を冠したスクールができるそうで、優秀な生徒をオックスフォードに送り込むとか。このように、ことあるごとに彼の話をするのは、彼の思いを後世にまで伝えたいからです。彼から託されたボールを次世代につなぐことこそが私の使命だと思っています。

奥君の死と相前後してつらい出来事がありました。ラグビー協会の会長だった町井徹郎さんが亡くなったのです。まだ69歳。実に早い旅立ちでした。予感はありました。平成15年

早大ラグビー部OBだった奥克彦さんの遺影を囲む早大とオックスフォード大の面々（平成16年9月撮影。秩父宮ラグビー場）

（２００３年）10月から11月に開催されたオーストラリアでのラグビーワールドカップに同行した時のことです。いつもはエネルギッシュな町井さんなのに、どうにも元気がない。

「非公式ですが、ＩＲＢの幹部にワールドカップの日本開催の意思表示をします。森先生にもぜひ同行していただけないでしょうか」

眞下昇専務理事から事前にそう告げられていた私は、ＩＲＢ幹部との面談で早速切り出しました。

「ぜひ、ワールドカップを日本に回してほしい」

これこそ日本側が初めてＩＲＢに招致の宣言をした瞬間です。だが、同席していた町井さんは、面談からほどなくして亡くなってしまいます。ガンでした。病状が悪化していたにもかかわらず、自分の体調を押してまで、日本のラグビーワールドカップ招致を進めようとしていたのです。

日本ラグビーフットボール協会会長に就任

「森さん、あなたしかいない。ひとつ頼むよ」

早稲田の2年先輩である日比野弘さんからこう頼まれ、私は進退窮まりました。

「ラグビー協会の会長は、内規で70歳以上はなれないことになっている。今なら大丈夫。ワールドカップ招致もあるじゃないですか。あなたでなければ、国は動かないし、ラグビー協会も動きませんよ」

私は前立腺ガンを患っていました。ガン自体は手術で取り除いていましたが、いつ再発するかわかりません。私は大きな決断を迫られました。

私の足は自然と恩師である大西鐵之祐先生の自宅に向かっていました。大西先生はすでに亡くなられていましたが、奥様は健在でした。

「大西も天国で喜んでいますよ。ぜひ、日本にワールドカップを日本に呼んできて」

すでに肚は決まっていました。その上、偉大な先輩である日比野さんに面と向かって頼まれては私も断れません。

平成17年（2005年）6月、私は67歳にしてラグビー協会の会長を引き受けることになりました。大学のラグビー部を退部した私が、競技団体のトップになるなんて前代未聞です。それでも私には誰にも負けないラグビーへの情熱がある――。そんな思いから2011年ラグビーワールドカップの招致に本格的に乗り出しました。

日本体育協会会長の大役

実は、ラグビーフットボール協会の会長に就任する直前の平成17年（2005年）4月、私は日本体育協会（現・日本スポーツ協会）の会長にも就任していました。3月に定年で退任する安西孝之会長の後任として要請されたのです。最初に私に話を持ちかけてきたのは、早稲田の先輩でもある河野洋平さんでした。ある時、河野さんに突然呼び出されます。河野さんは開口一番、こう切り出しました。

「これは一生の頼みだから」

続けざま、河野さんは自らの病気の話を始めました。1980年代にC型肝炎が発覚し、平成14年（2002年）に生体肝移植で、息子・太郎さんの肝臓の一部を移植したというのです。

「実は、体協の会長に推薦されている。ところが医者からは外国への出張はいけないと言われているのでダメなんだ。あなたはスポーツに通じているから、私はあなたを推薦したい」

一度は保留しましたが、平成12年（2000年）に発覚し、手術した前立腺ガンの経過は良好でした。断る理由はありません。すると、今度は私の元に日比野さんがやってきました。

「お願いだから断らないでくれ。俺に恥をかかせるなよ」

日比野さんは体協の選考委員長を務めていました。もはや選択肢はありません。

こうして私ははからずも、スポーツの現場へと駆り出されていきます。ラグビーとオリンピック・パラリンピックにつながる道行きは、この時点で決まっていたのかもしれません。

ＩＲＢ会長への直談判

いよいよ師である大西先生との約束を守り、ラグビーの世界に恩返しができる——。そう思っていた矢先でした。平成23年（２０１１年）のワールドカップ招致で、いきなり壁にぶち当たってしまいます。それはスポーツ後進国と蔑む日本に対する欧州、特に英国からの風当たりの強さでした。ＩＲＢ幹部の大半が英国の上流階級の出身で英国至上主義。とにかく特権意識が強いのです。アジアの小国は歯牙にもかけないとばかりに、我々の発言にいちいち難癖をつけてくる。しかもラグビーの強豪国というのは英国とその植民地だった地域がほとんど。いまだに、旧植民地時代の隷属関係がそのままになっていることに驚かされました。

特に顕著だったのが、理事会での投票権。旧宗主国である英国のイングランド、スコット

2011年ラグビーワールドカップ招致委員会の発足式で。中央が著者
（平成16年10月撮影。都内ホテル）

ランド、アイルランド、ウェールズに加え、フランス、オーストラリア、ニュージーランド、南アフリカは2票ずつ。その他の国は1票というのですから、まことに不公平なことこの上ない。ましてや開催国も第1回のニュージーランドとオーストラリア共催から始まり、イングランド、南アフリカ、ウェールズ、オーストラリアと開催国が、ラグビー強豪国の間で北半球と南半球で交互に割り当てられていました。

結局、平成23年（2011年）の第7回ワールドカップの最終候補には日本と南アフリカとニュージーランドが残り、結果は2票差でニュージーランドに決まります。まさに予定調和の世界でした。これではいつまでたってもアジアを代表する日本にワールドカップはやってこない。私の危機感は最高潮に達しました。そこで無理を言って、IRBのシド・ミラー会長に面会を求めました。トップを前にして私は、思いのたけをぶつけたのです。

「旧大英帝国が結託すれば、いとも簡単に過半数がとれてしまうではないですか。植民地主義が許されない今の時代に、こんなおかしな話がありますか。

国連では、経済大国である米国、中国同様、他の小さな国々も、すべての国が平等に1票ずつ持っています。これが民主主義の原点です。ところが、ラグビーの世界では、伝統国といわれる力のある国だけが2票を持っていて、それ以外の国は1票しかないという。これが民主主義の先進国である英国のやることなんでしょうか。こんなことをしていたら、ラグビー界は衰退しますよ。

ラグビーの一番の特徴はボールをパスすることじゃないんですか。ラグビーというのは、ハーフから、ボールをつかんだら出て、ウィングまで展開していく。これがラグビーの醍醐味。ところがあなたたちのやり方ときたら何ですか。フォワードだけでラグビーをやってるようなものじゃないですか。自分たちだけで開催地をたらい回ししているだけでしょう。

あなた方の国が民主主義というものを日本に教えたのに恥ずかしくないのですか。私は幸い政治家だから、これから、この話を世界中に伝えますよ」

ＩＲＢのミラー会長も日本の招致委員会のメンバーも私のものすごい剣幕にみんな黙っていました。ところが、このやりとりが、翌日の新聞に取り上げられたことで、世界中にラグビー界の封建的とも言える体質が知れ渡ってしまったのです。

私はこの時点で招致委員会の会長を辞めるつもりでいました。「ＩＲＢ批判の演説は事前に考えて発言したのか」とよく聞かれますが、すべて現場で思いついたことで、なかば「腹いせ」の部分もありました。私は招致活動の先頭に立って奔走していましたから、頭のどこかでは日本が開催国に選ばれるのではないかという期待もないではなかった。ところが、思いっきりはしごを外されたことで、怒りが沸点に達してしまったのです。

私のスピーチはＩＲＢの幹部もショックだったようで、すぐに使者が日本のラグビー協会を訪れました。

結果的に日本の主張が世界的にも受け入れられ、ＩＲＢ会長への直訴を機に、日本のワールドカップ招致の機運が高まっていくことになりました。

しかし、問題は日本ラグビーの実力です。平成７年（１９９５年）のワールドカップでニュージーランドに17対１４５と歴史的な大敗を喫してしまったことは消すことのできない事実です。これを見た英国のラグビー関係者がラグビー後進国の日本に対して疑念を持ったとしても無理はありません。

２０１９年ワールドカップ開催決定

平成23年（２０１１年）の招致活動で、私たち日本の招致関係者はなりふり構わぬ立候補国のロビー活動を目の当たりにしました。

ウェールズの委員は、私に対して自国スタジアムのネーミングライツ（命名権）の相手先を見つけてくれないかという話を持ち込んできました。いわゆるスポンサー探しです。そこで私は、トヨタのトップに直談判しましたが、なかなか決裁が下りない。そこで私は一旦、帰国して交渉をまとめることにしました。ラグビーワールドカップ招致実行委員会委員長の要職にあった眞下昇さんにウェールズの監視をお願いしていたところ、ウェールズの委員たちはすきを見て逃げ出したそうです。後で聞いた話だと、オールブラックスが自国で試合をする興行権と天秤にかけ、すぐ大金が入ってくる興行権を選んだというのです。ウェールズの2票はこのようにしてニュージーランドに流れていったわけです。

だが平成27年（2015年）ラグビーワールドカップの招致活動では様相が一変していました。誰もが皆、日本に対してフレンドリーな態度で接してくれます。中でもアジアの国々は日本が先頭に立ってラグビーワールドカップをアジアで開催してほしいと応援してくれました。

平成21年（2009年）になると招致活動はピークを迎えます。特にハードスケジュールだったのが5月のゴールデンウィークです。私は3泊8日という強行スケジュールで、南アフリカでの招致活動を済ませて日本にとんぼ帰りし、ロシアのウラジーミル・プーチン大統領と旧交を温め、そのまま英国に向かいました。

そうした矢先、意外な情報が私たちにもたらされました。IRBが平成27年（2015年）と平成31年（2019年）のラグビーワールドカップ2大会を同時に発表するというのです。IRBにとっては、ラグビーが、世界に開かれた競技であることを示して、IOC（国際オリンピック委員会）にオリンピック競技として認めてもらおうという狙いがあった

ラグビーワールドカップ2019の開催都市発表を見守る著者と
組織委員会の御手洗冨士夫会長（平成27年３月撮影。明治記念館）

ようです。そうした思惑からＩＲＢは「平成27年（２０１５年）がイングランド、平成31年（２０１９年）を日本で」という開催案を出してきました。他にもイタリアと南アフリカが立候補していましたが、大きな影響力を持つイングランドと日本が協調関係を築いていたこともあり、７月のＩＲＢ総会で無事に決定しました。日本の悲願がここに達成されたのです。

収入源はチケット収入だけ

ラグビーワールドカップ２０１９大会の開催地が日本に決定したことで、

私たちはすぐにラグビーワールドカップ２０１９組織委員会の設立にとりかかりました。トップは経団連の会長でキヤノンの会長でもあった御手洗冨士夫さんにお願いしました。副会長には、経団連の副会長・事務総長をしていた中村芳夫さん、ＪＯＣ会長の竹田恆和さんも名を連ねました。頭を悩ませたのがお金の問題でした。

実はラグビーワールドカップの収益のほとんどは、ＩＲＢ（後のワールドラグビー）に持っていかれるというひどいスキームになっていました。テレビ放映権にオフィシャル及びローカルスポンサー、ライセンスとマーチャンダイズ権、ホスピタリティ権も含まれています。つまり組織委員会が唯一受け取ることができるのはチケット収入だけ。大会の収支を黒字にするためには、どの会場も満員にするしかありませんでした。ところが、こちらの不安は杞憂でした。組織委員会会長の御手洗さんをはじめ、財界の大立者の働きかけで、チケットはある程度さばけることがわかってきた。加えて、トップリーグに参加しているチームの親会社はキヤノン、トヨタ、パナソニック、サントリー、ＮＴＴなど日本を代表する大企業ばかり。こうした大企業がいざという時には、応援してくれるという安心感もありました。

結果的に、日本がワールドカップ史上初のベスト８入りを果たしたこともあって、チケットは約１８４万枚を売り上げました。これは実に販売席数の99・３％にあたり最終的に68億円の黒字が出ました。利益剰余金は今も協会の金庫内にプールしてあります。

ワールドカップの収益は、今もラグビー協会が管理しています。結果的にこのプール金は御手洗さんと私、そして自治省ＯＢの嶋津昭さんの決裁がないと使えないことになっている。これまでラグビー協会は財政的に厳しい時代が長く続いた。だから、この利益剰余金は、いざという時のために使う虎の子の資金としてとってあります。言ってみればワールドラグビーに手足を縛られながら逆転トライを決めたようなものです。これは私にとって痛快な記憶です。

莫大な「大会保証料」問題

とにかくＩＲＢからは、いろいろと無理難題を突きつけられました。大会を開催するにあたり「国の金を預けてくれ」、要するに財政保証を要求してきたのです。これには随分と苦労させられました。これは大会の収支報告書を見れば明らかですが、「大会保証料」という名目で１３０億円もの金額をＩＲＢに支払っています。問題は金額もさることながら、それを政府にどうのませるかでした。

さすがに１３０億円ともなると、組織委員会が用意できる金額の範囲を超えています。そこで、こちらは「スポーツ振興くじ」の助成金を充てることを提案しましたが、ＩＲＢは不満そうでした。

「クジの金は国の金ではない」

そこから激しい議論の応酬となりました。

「ｔｏｔｏの金は国の法律でできている。これは財務省に入って、最終的に分配される。結局は国から出ている金と同じだ」

私たちの説得が功を奏し、最終的にＩＲＢも了承してくれました。

ＩＲＢの関係者がここまで議論を詰めてきた背景には、経済的な面もさることながら、果たしてアジアのラグビー後進国がワールドカップを運営できるのかという疑念があったようです。基本的に彼らはアジアの人間を信用していないのです。決め手となったのは「ｔｏｔｏ」と「ＢＩＧ」の助成金でした。

平成23年（２０１１年）４月のことです。文部科学省などの協力を得て「スポーツ振興くじ」の分配金が最大36億円助成されることが決まりました。さらには宝くじの収益のうち最大100億円の政府財源を大会保証に充てるというスキームも決まりました。自治省OBで実力者の嶋津昭さんが取り仕切ってくれたから、うまくいったんです。

こう書くと、「スポーツと政治は別ではないか」と血相を変える人がいますが、誰かが調整役となり、行政や企業を動かさなければ、サッカーにしろラグビーにしろ、ワールドカップのようなメガイベントは運営できません。きれいなハスの花を咲かせるためには、誰かが池の中で泥まみれになって動き回らなければならないのです。

特に令和元年（2019年）のラグビーワールドカップは大会が終わるまでまったく予断を許さない綱渡りの状態だっただけに、スポーツくじを原資とする助成金がいかにありがたかったかについては、改めて強調しておきたいと思います。

上皇上皇后両陛下のラグビー愛

ワールドカップ招致の決定を受け、真っ先に私の頭に浮かんだのが天皇皇后両陛下のことでした。現在の上皇上皇后両陛下です。実は、両陛下、ラグビーのワールドカップの開催を誰よりも心待ちにされていました。私はそれを知っていただけに、何としても、そのお気持ちにお応えしたいと考えていました。

平成17年（２００５年）に、天皇陛下の外遊の主席随員としてノルウェーに行く機会がありました。陛下は、アイルランドのダブリンで１泊されてからノルウェーに向かうとのこと。ダブリンといえば、ＩＲＢの本部がある場所です。ダブリンに向かう機中で陛下のご相伴にあずかりました。陛下は６年後に控えたラグビーワールドカップについて、気にされていたらしく、私にこうお尋ねになりました。

「森さん、ワールドカップはうまくいっていますか？」

「はい。おかげさまで苦労していますけど進んでいます」

「しっかりと頑張ってください」

「ありがとうございます」

そのお言葉に身の引き締まる思いがしました。その夜、私はしめたと思い、ＩＲＢに連絡をとり、そのまま本部に乗り込み、幹部の人たちと会食をして旧交を温めました。

その翌日です。移動の飛行機で朝食の際、陛下はこう水をお向けになられました。

「森さん、夕べはうまくいったかね」

これには、長く政府の要職にあった私もつくづく驚かされました。昨日の夜の隠密行動が、すべて筒抜けになっていたのです。宮内庁の情報収集能力はさすがです。

「はい、非常に円満に……」

私はそう答えるのが精一杯でした。


ところで皇室とラグビーの関係は、とても深いものがあります。ラグビーの聖地は言うまでもなく秩父宮ラグビー場です。かつて秩父宮ラグビー場は東京ラグビー場という名称でしたが、昭和28年（1953年）にお亡くなりになられた秩父宮雍仁親王が、大変なラグビーファンであったことから、そのご遺徳をしのび殿下の名前を冠するようになりました。昭和37年（1962年）に日本ラグビーフットボール協会は、運営資金の確保のために、秩父宮ラグビー場の土地を手放して国に売却しますが、「秩父宮」の名前だけは手放さず今も大事に守っています。この事実だけでもラグビーと皇室が切っても切れない関係にあることはおわかりでしょう。

「天覧試合」で解説役

また上皇上皇后両陛下については、次のような思い出もあります。
平成28年（２０１６年）の6月に日本はスコットランドと東京スタジアムで戦いました。天皇皇后両陛下（当時）をご招待して初めて行われる国際試合の天覧試合でした。両陛下は警備の都合上、試合の後半だけを観戦されました。解説役を仰せつかったのが私です。

スコットランドが試合を優勢に進める中、スクラムハーフの茂野海人がトライを決めて逆転、日本が13対9で前半を終えた。後半に入り、スコットランドは日本のしつこいディフェンスに手こずりつつもペナルティを誘いノートライながら21対16で勝利した。

この試合は後半に入って徐々にスコットランドが優位に立ちました。試合中、美智子様が私にこうご質問なさったのです。

天皇陛下御夫妻＝当時＝のラグビー観戦に随伴する著者
（平成28年６月撮影）

「大丈夫？　森さん。スコットランドは手ごわいですよ」

すぐに言葉に詰まりました。美智子様のご指摘はその通りで、世界のラグビー事情にも通じていらっしゃることがよくわかりました。

「森さん、あれほど激しくぶつかっても、誰もケガしないんですね。どうしてなんでしょうか？」

咄嗟にひらめいたのが、両陛下が相撲好きだということです。

「相撲もそうじゃないでしょうか。力と力がガーンとぶつかったら痛いという感じはないといいます。どっちかが弱いとひっくり返ってしまいます。そういうのと同じじゃないかと私は思います」

まったくもって非科学的な説明であることこの上ありません。

「なるほどね、そういえばそうだね」

私の未熟な説明に相槌をお打ちになる陛下の姿を見て、ますますラグビーに真剣に取り組まなければならない、と身が引き締まる思いがしたことは言うまでもありません。

陛下へのサプライズ

「ぜひ、２０１９年のワールドカップ日本大会に、上皇上皇后両陛下をご招待申し上げたいのですが……」

私が宮内庁に掛け合ってようやく実現したのが、東京スタジアムで行われた11月１日のニュージーランド対ウェールズの3位決定戦です。

早速、宮内庁から「陛下はお喜びのようです」という返事がきました。ただし、陛下は4月30日に譲位されており、他の宮様がいらっしゃるようなら辞退したい、とのことでした。美智子様のご体調をお気遣いになっているようでもありました。

上皇上皇后両陛下の観戦スケジュールは、すべて宮内庁が決めます。安心といえば安心ですが、私には不安もありました。

というのも、以前、千葉で剣道の大会をご観戦なされた時のことです。準決勝が終わり休憩時間に入りました。さあ、いよいよ決勝という段になって、「天皇陛下がお帰りになります」というアナウンスが流れるじゃないですか。

いくらご公務や警備の都合があるとはいえ、おそらくは陛下だって決勝戦を見たかったはずです。そのくらい陛下はスポーツや武道がお好きなのですから。

案の定です。大会終了後の懇親会の席で、陛下は侍従を通さず、直接私にこうお尋ねになりました。

「さっきの決勝はどうなりました？」

陛下は私の説明に、熱心に耳を傾けておられました。

それからというもの、スポーツや武道の大会を陛下がご観戦なされる際は、前半からではなく、後半から足をお運びになるスケジュールに改められたと聞きました。

さてラグビーに話を戻しましょう。ニュージーランドが40対17でウェールズに勝利した3位決定戦を、上皇上皇后両陛下は最後までご観戦なされました。

実はこの試合、上皇上皇后両陛下のために、私はあるサプライズを用意しました。キャプテンのリーチマイケル選手と元日本代表の五郎丸歩選手を、両陛下の控室の入り口で待機させておいたんです。

「今日はマイケルと五郎丸を呼んであります」

私が上皇陛下に申し出ると「それは楽しみだね」と目を丸くされていました。

もちろん、そのことは事前に宮内庁にも伝えておきましたが、「ご対面の時間は3分」と釘を刺されていました。

ところが、両陛下はリーチマイケル選手と五郎丸選手に次から次へとご質問をなされ、3分どころか5分、いや10分もかかってしまいました。

私は気が気ではありませんでした。というのも、時間が超過すれば超過するほど、各方面にシワ寄せがいくからです。たとえば移動については警察の管轄です。警備に支障が出た場合、組織委員会副会長として私は責任をとらなければなりません。

しかし、それは杞憂に終わりました。あとで聞くと私が用意したサプライズに両陛下は大喜びしていらしたようです。

平尾誠二さんとラグビー談議をしたことも
（平成12年8月撮影。首相官邸の中庭）

早すぎた平尾誠二さんの死

これは私のひいき目かもしれませんが、ラグビーの世界には好人物が多い。代表的なところでは、日本人として初めてラグビーの殿堂入りを果たした坂田好弘さんや大学の先輩の日比野弘さんが思い浮かびます。

では、将来の日本ラグビーを誰が背負って立つか。私がひそかに期待していたのが、元日本代表で、代表監督も務めた平尾誠二さんです。彼はプレーヤーや指導者として一流なだけでなく、人間的にも素晴らしかった。だから若くしてワールドカップ組織委員会の理事にも選ばれたのです。

実はこの平尾さんを、令和元年（２０１９年）のワールドカップ後、日本協会の会長に推薦しようと私は考えていました。そのためにも、彼とはもっといろいろな話をしたかった。しかし、思うように時間はとれませんでした。それは彼が関西を拠点に活動していたことに加え、重い病に冒されていたからです。

組織委員会の会議で顔を合わせるたびに、私の不安はどんどん大きくなっていきました。

というのも、彼の顔色がどんどん悪くなり、しかも痩せていったからです。

ある日、私は意を決して彼に聞きました。

「聞きにくいこと聞いて申し訳ないけど、あなた、体が悪いんじゃないか？」

「わかりますか」

そして、二人きりになったところで、彼は病状を率直に明かしてくれました。平尾さんの体をむしばんでいたのは胆管細胞ガンという厄介な腫瘍で、なかなか治療が難しいらしいということでした。

平尾さんの病気に真摯に向き合ったのが、ノーベル生理学・医学賞を平成24年（２０１２年）に受賞した京都大学の山中伸弥教授でした。その山中教授の下でｉＰＳ細胞による高度な再生医療の治療を受けている、と平尾さんは語っていました。

この話は後に出版された平尾さんの著書の中にも出てきますが、そこに出ていたことのほとんどを私は知っていました。

平尾さんが、なぜそこまで腹を割って話してくれたのか。それは私もガン患者だったからだと思います。「同病相憐」という言葉がありますが、あれは本当ですね。

そうした理由もあり、私もガン治療に関しては、人並み以上の知識を持っていました。

だから、あえてこう言ったのです。

「そんなんじゃ間に合わんぞ」

もう、その時点では病状はかなり進行していて、奇跡を待つより他に方法はなかったのかもしれません。そして、そのことを平尾さんは、誰よりも理解していました。

私にできることがあれば、何でもしてあげたかった。平尾さんは、私のような第三者にもそう思わせるような人物です。愛嬌があり、彼がその場にいるだけで爽やかな気持ちになる。ずっと日の当たる道を歩いてきたため、彼に対しては妬みや嫉妬、やっかみもあったと思います。しかし、彼はそうしたことをおくびにも出さなかった。それにしても、53歳ですか……。あまりにも惜しい死でした。

会場問題を解決した情熱あるリーダー

ラグビーワールドカップを開催するにあたっての最大の問題が財政面であることは先に述べました。それに次ぐ問題が会場の選定でした。開催都市は平成26年（２０１４年）にガイドラインを発表し、年末から年明けの平成27年（２０１５年）１月にかけて、ワールドラグビーから委託されたRWCL（ラグビーワールドカップ・リミテッド）と組織委員会による視察を経て決定するプロセスを踏むことになっていました。

国際試合のできるラグビー競技場というのは、全国で20カ所程度。ワールドラグビーが求めたガイドラインには収容人数によって4万人以上の「カテゴリーA」、2万人以上の「カテゴリーB」、1万5000人以上の「カテゴリーC」に分けられる。さらに、開幕戦、準決勝以上の試合と3位決定戦においては、6万人以上の収容人数が求められ、最終的に、決勝戦の会場となった横浜国際総合競技場など、12会場が選ばれた。

開催都市の首長だけが前のめりになっても成功は容易ではありません。地元の議会も一緒になって盛り上げていくワンチームの体制ができないと難しいものがある。最終的にはラグビーに情熱を持った自治体のリーダーの存在が不可欠でした。

まず名乗りを上げたのが、東大阪市の野田義和市長です。東大阪市には高校ラグビーの聖地として知られる花園ラグビー場があります。野田市長は日本でのワールドカップ開催が決まってすぐに開催都市に立候補しようとしたといいます。ところが花園の収容人数が1万9000人だったため、カテゴリーCの域を出ない。そこで花園の大規模な改修が必要となりました。

さらなる難題として、花園ラグビー場を運営していた近鉄は大改修をするほどの予算がとれなかった。苦肉の策として、東大阪市が花園ラグビー場を45億円で買い取って市の予算で大規模な改修に踏み切ることになったのです。

「古い歴史を誇るラグビーの聖地でワールドカップの試合をしないというのは万死に値する」

野田市長の情熱が結実し、花園は12会場のうちの一つに選ばれ、アルゼンチン対トンガ戦など計4試合を開催しました。野田市長の「西のラグビーの聖地」としてのプライドにはいたく感服いたしました。

静岡県の掛川にある小笠山総合運動公園エコパスタジアムには、真っ先に声をかけました。ここはサッカーJリーグのジュビロ磐田がホームスタジアムとしても使用しています。

早稲田の後輩でもある川勝平太県知事に声をかけると「やりましょう」と即答してくれました。このようにサッカーを通じて〝地域密着〟の理念を理解し、行政がそれをサポートしている地域は、どこも協力的でした。大分トリニータのある大分県もそうでした。大分スポーツ公園総合競技場では、ニュージーランド対カナダ戦など計5試合を開催しました。大分といえばキヤノンの御手洗冨士夫会長のお膝元。県をあげて協力態勢を築いてくれました。

ワールドカップ日本大会では、大分県の他、福岡県（東平尾公園博多の森球技場）、熊本県（熊本県民総合運動公園陸上競技場）と九州で3つの県が開催地となりました。九州は元々ラグビー熱が高く、これまでにも数多くの日本代表選手を輩出してきました。12会場のうち3会場が九州に集中したことを受け、「偏っているのではないか」という意見もありましたが、九州地区が長年、ラグビーを大切にし、選手たちを育成してきたことに対する褒美ととらえることもできるでしょう。

関東地方で盛り上がったのは埼玉県熊谷市の熊谷ラグビー場。ここは毎年、国内の最高気温を記録することで、〝暑いまち〟として有名ですがラグビーも熱い。現在は埼玉パナソニックワイルドナイツの本拠地として、完全にラグビータウン化しています。ただし駅からスタジアムまでの距離が遠いのが難点。これは行政とクラブに課された今後の課題でしょう。

釜石市が示した「復興ワールドカップ」

一番難航したのは岩手県の釜石市でした。釜石といえばラグビーファンは、あの松尾雄治さん率いる新日鉄釜石の日本選手権7連覇のことが、いまだに忘れられないはずです。

しかし、平成23年（２０１１年）３月11日に発生した東日本大震災により、まちの風景は一変しました。平成19年（２００７年）から令和5年（２０２３年）まで市長を務めた野田武則さんに、私は市内を案内してもらったことがある。一番、記憶に残っているのは大槌湾をのぞむ高台。津波に襲われ、高台に上った子どもたちは難を逃れたものの、８００人近くの人が命を落としたと聞きました。

「８００人の霊を弔うために、国の責任でラグビーをやってもらえませんか」

野田さんの願いを、私は重く受け止めました。しかし、現実的には難しい。

「今すぐ返事はできないけど、努力してみましょう」

釜石鵜住居復興スタジアムのこけら落としイベントでの著者
（平成30年8月撮影。岩手県釜石市）

私は、そう答えるのがやっとでした。

そこで考え出したのが津波に襲われ、手つかずの状態だった小学校の跡地をラグビー場として再生しようというスキームです。それをRWCLに提案したものの、案の定、反応はよくない。

「本当にこんなところでできるのか……」

彼らが首をひねるのも無理はありません。

まず、問題視されたのが交通の便です。新幹線で仙台市や盛岡市まで行き、降りたとしても、そこから車で1時間半から2時間はかかりました。次いで資金難。被災地の復旧、復興が優先されるこの時期、スタジアムを造るといっても、なかなか理解は得られず、資金も集まりませんでした。

この難事業を救ってくれたのが、当時、復興大臣の任にあった竹下亘さんです。スタジアムを建設するにあたり、まずは地盤固めから始めました。何もかもが手探りの作業です。世界にワールドカップを通して震災からの復興をアピールするという地元の執念が実り、やっとの思いで開催にこぎつけることができたのです。

難産だったということもあり、この釜石鵜住居復興スタジアムには思い入れがあります。竣工の式典でテープカットを行った際には、自然と涙がこぼれてきました。それに、私が釜石に行くと、なぜかいつも晴天に恵まれる。ラグビーの神様が見守ってくれているのではないか。そんな気にもなります。

新スタジアムは、ワールドカップ開催のため1万6000人が収容できるように座席を配置しましたが、ワールドカップが終わった時点でスタジアムの役割が終わるわけではありません。いや、むしろ、ワールドカップが終わってからの方が大事なんです。

ここには新日鉄釜石の流れをくむ釜石シーウェイブスというクラブチームがあります。地

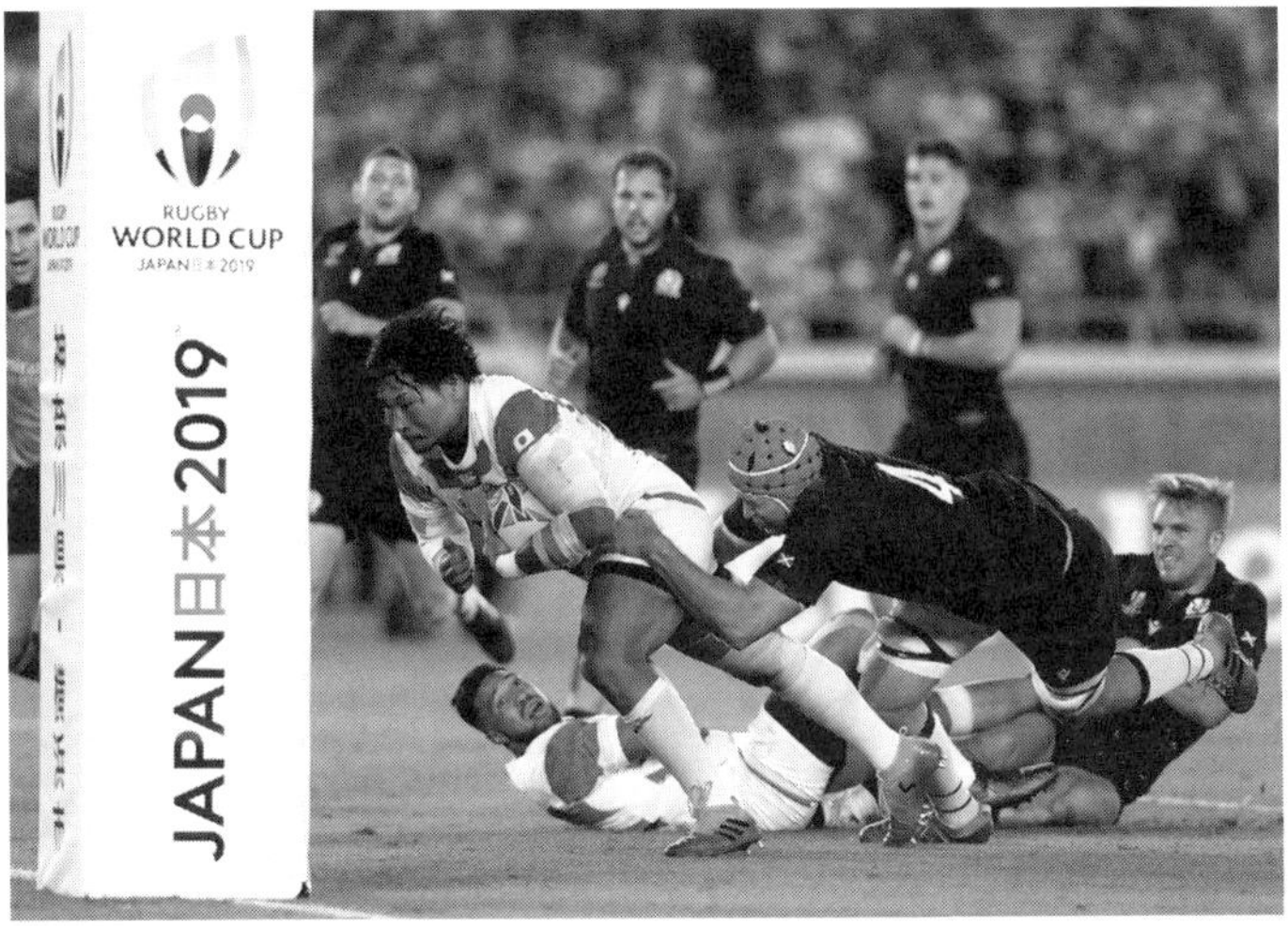

日本対スコットランド戦ではプロップの稲垣啓太も渾身のトライ
（令和元年10月撮影。横浜国際総合競技場）

元の希望の星でもあるシーウェイブスの試合に6000席だけを残し、他は撤去しました。いずれ、シーウェイブスが上のカテゴリーに昇格すれば、再び席数を増やせるような構造にしてあります。一日も早く、そういう日が訪れればいいのですが……。

黒岩祐治神奈川県知事の英断

釜石市とは別の意味で、最後まで調整が難航したのが、決勝の舞台となった横浜市です。7万2000人の収容者数を誇る横浜国際総合競技場は、平成14年（2002年）サッカー日韓ワールドカップ大会の決勝戦でも使用されました。

これは今だから言える話ですが、当初、横浜市の林文子市長はラグビーにあまり興味がありませんでした。

私がワールドカップのメイン会場をお願いしたところ、「ラグビーなんて、そんなに人が来ませんよ。サッカーとは人気が違うんだから」とけんもほろろでした。

「いやいや、あなたはラグビーの人気を見誤っている」

こちらが、いかにラグビーの魅力を伝えても、まったく首を縦に振ってくれない。そのつれない態度には、ほとほと手を焼きました。

万一、横浜市のスタジアムが使えないとなった場合、どうするか。私たちは人口規模を考え、「西の聖地」である花園ラグビー場も検討せざるをえない状況に追い込まれました。思案に暮れている時、助け舟を出してくれたのが神奈川県の黒岩祐治知事です。たまたま私が行った横浜市での講演に顔を出してくれたのが幸いしました。

早稲田の後輩の黒岩さんに、事情を説明したところ、「私に任せてください」と一言。黒岩さんが林さんをどう説得したのか知りませんが、翌々日、「例の件はＯＫになりました」と私の元に連絡が入りました。さらに神奈川県は開催準備のために5億円を出すとまで言ってくれた。

これにより、横浜国際総合競技場での試合は、横浜市と神奈川県の共催ということになり、以降、スムーズに計画が進むようになりました。その意味では黒岩知事のファインプレーと言っていいでしょう。

横浜国際総合競技場の底力がいかんなく発揮されたのが、ワールドカップ史上初となる日本の決勝トーナメント進出がかかったスコットランド戦です。

折しも台風19号が日本列島を直撃し、ラグビーワールドカップにも大きな爪痕を残しました。12日のニュージーランド対イタリア戦（愛知・豊田スタジアム）、イングランド対フランス戦（横浜国際総合競技場）、13日のナミビア対カナダ戦（岩手・釜石鵜住居復興スタジアム）の3試合が中止になりました。

横浜国際総合競技場の近くには鶴見川という一級河川が流れており、あふれた水が堤防を越えてスタジアムに流れ込んできていました。

ところが、横浜国際総合競技場は遊水地の機能を有しており、あふれた水はそこに〝収納〟される仕組みになっていました。競技場は〝高床式〟の構造になっていたのです。

当日の朝は台風一過の青空。横浜市の職員が徹夜で復旧に尽力してくれたおかげで日本ラグビー史上屈指の名勝負が生まれたのです。

キャプテンのリーチ選手は「この試合は私たちのためだけのものではない」と前置きし、こう語りました。

「台風の犠牲になり、苦しんでいる人たちのものでもある。この試合を実現させるために床をスポンジで拭いたり、たくさんの方が努力してくれたのもわかっていました。試合ができたことに、感謝しています」

天下分け目のスコットランド戦は、リーチ選手が語ったように、この試合の開催に尽力した人々すべての力が結集した、まさに「ワンチーム」の勝利でもあったのです。

林市長とは、ワールドカップの決勝戦後にお会いしました。「おかげさまで、横浜の知名度が日本で一番ということになりました」と実に誇らしげでした。

元々、横浜国際総合競技場は、新幹線の新横浜駅からも遠く、決して利便性に優れているわけではありません。しかし、近年は競技場の近くに高速のインターができたりして、周辺地域がどんどん発展している。これもスポーツのメガイベントがもたらす大きな効果の一つなのです。

日本ラグビーは歴史あるスポーツ

ともあれ、代表選手たちの頑張りもあり、日本はラグビーワールドカップ２０１９で、大きな成功を収めることができました。あんなものやらなければよかった、と思っている国民は一人もいないでしょう。

そもそも、ラグビーは日本において、非常に歴史のあるスポーツです。世界遺産でもある京都の下鴨神社には、我が国の「第一蹴の地」という碑が建っている。いわばラガーマンたちにとっての聖地です。

明治43年（1910年）には日本におけるラグビーのルーツ校である慶應義塾大学が第三高校（京都大学の前身の一つ）と戦ったという記録が残されている。流鏑馬をする広場の横にはラグビー神社まで建立されています。宮司の新木直人さんと私は同年代なのですが、聞くところによると、外国のラグビー選手もご利益にあやかろうと、よく参拝に訪れるそうです。

また、横浜市の中華街の中にある山下町公園にも記念碑があります。英国の兵隊たちが楕円球を持ち込み、試合を行ったという記録が残っている。このように英国人が持ち込んだラグビーは、古くから日本に根づき、今の隆盛があるわけです。

話をラグビーワールドカップ2019に戻せば、チケット販売率99・3％という数字は驚異的です。これにはRWCLの幹部たちも驚いていました。

そのRWCLは「強豪国の試合会場は、最低でも3万人収容」という条件を組織委員会に突きつけてきた。愛知県は豊田市が開催地に選ばれましたが、当初は人口約230万人の名古屋市も候補地にあがっていました。しかし愛知県内で2会場となれば、広域開催の理念に反する。そこで名古屋市は辞退したという話を聞きました。

名古屋市ほどではないものの、人口約109万人の仙台市は、東北一の大都市です。ここにもワールドカップを招致しようという話がありましたが、市長と市議会が前向きではなく、結局、招致に名乗りをあげなかった。市民の中にはがっかりした人たちが相当いたという話を後から聞きました。

北海道は札幌ドームで2試合しか開催することができませんでしたが、仙台までは飛行機で約1時間です。もし仙台が開催地になっていたら、外国人にとってはいい観光コースになっていたでしょう。

というのもラグビーワールドカップはサッカーワールドカップより、開催期間が長く、しかも富裕層が多いと言われている。1カ月、2カ月と長い休暇をとり、バカンス気分でやってくるんです。ついでに言えばビール好きが多いのもラグビーファンの特徴です。

聞いた話では、札幌でイングランドがトンガに35対3で大勝した後、イングランドのサポーターは大挙して繁華街のすすきのに繰り出し、まちは大にぎわいだったそうです。

実は札幌市の上田文雄市長、開催前は「予算の都合もあり、何とか2試合だけにしてくれ」と注文をつけてきた。しかし、あまりの盛り上がりを見て、後任の秋元克広市長は「3試合にしておけばよかった」と悔やんだそうです。ラグビーを、そしてワールドカップを過小評価していたのかもしれません。

2031年ワールドカップ日本開催の可能性

いずれにしても2019年ワールドカップの成功で、日本に対する世界の評価は随分変わりました。

名古屋でワールドラグビーの主要最高幹部だったブレッド・ゴスパーさんと飲んでいた時のことです。ゴスパーさんは、私にこう言いました。

「いろいろありがとう。素晴らしい大会でしたが、今度はいつ（ワールドカップを）やるんでしょう?」

まだワールドカップは終わってもいないというのに、随分と気の早い話です。しかし、そこまで持ち上げられて、こちらも悪い気はしません。

すると、もう一人のメンバーが話を引き取りました。

「今までの対応は謝る。日本にこれだけの力があるとは……。日本人のラグビーに対する愛情や前向きな姿勢を、私は見誤っていた。どうか、もう1回やってもらいたい」

実際、これは酒の席でのリップサービスではありませんでした。令和5年（2023年）2月にワールドラグビーのビル・ボーモント会長が来日し、私の元を訪ねて来ました。

「令和13年（2031年）の第12回大会は米国を予定しているが、困難かもしれない。その時はまた日本でお願いしたい」

もちろん、私に異存はありません。その時は老骨にムチ打って、もうひと仕事させてもらいたいと思っています。

令和13年（2031年）のラグビーワールドカップは米国で開催することが決まっているが、令和2年（2020年）にコロナ禍で米国ラグビー協会は財政破綻に追い込まれた。ワールドラグビーがワールドカップの開催に懸念を抱いているのは当然で、開催実績のある日本に保険をかけているようにも見てとれる。

ヘッドコーチ人事を巡る迷走

令和6年（2024年）1月、約8年ぶりに日本代表ヘッドコーチに復帰したエディー・ジョーンズさんとは浅からぬ因縁があります。彼はイングランドで開催されたラグビーワールドカップ2015で、南アフリカ相手に勝利するなど3勝をあげ、日本代表のレベルアップに貢献した指導者として高く評価されています。もちろん私も、彼の仕事ぶりには大変感謝しております。

しかし、その一方で人間的には信頼できないところがある。キツイ言い方をすれば、彼はかなりの〝曲者〟ですよ。

実はラグビーワールドカップ2015大会終了後も、彼は日本にとどまる予定でした。ところが、ある日、急に掌を返すようにイングランド協会と契約し、ヘッドコーチに就任してしまった。要するにこっちは両天秤にかけられていたんです。

エディーさんとの交渉役をしていたのが、早稲田の後輩でもある矢部達三専務理事でした。エディーさんはイングランド大会前に「長期契約をしてくれ」と言ってきたんだそうです。

エディーさんの手腕によって日本代表がめきめきと力をつけてきたのは明白で、もちろん、こちらに反対する理由はありませんでした。そこで次のワールドカップを見据え、令和元年（2019年）のワールドカップ終了まで契約を更新することにしたのです。契約金として1000万円上乗せすることも決めました。

エディーさんが「おいしい寿司が食べたい」というので、私は青山の有名寿司店を予約し、ごちそうしました。別れ際にはエディーさんが「よろしくお願いします」といって握手を求めてきた。

あの握手は、いったい何だったのか……。私は今もエディーさんの顔を見るたびに怒りがこみ上げてきます。

こう書くと、「だまされる方が悪い」という人がいるかもしれません。しかし、何度も言うようにラグビーは紳士のスポーツです。「いえ、ラグビーとビジネスは別だ」という人もいるでしょう。しかし、そういう人は、私に言わせれば、ラグビーマインドのない人です。

怒り心頭に発した私は、令和元年（2019年）に協会会長に就任した森重隆さんに厳重に注意をするようお願いした。ところが協会の態度も煮え切らない。結局、森重隆会長の名前で正式な抗議はしなかったようです。

誤解なきよう申し上げますが、私はエディーさんとの再契約に反対しているわけではありません。不義理をしたエディーさんを、また三顧の礼を持って迎えるようなことをしたら、日本協会がなめられてしまうと危惧しているのです。

そこで私は令和4年（2022年）に日本ラグビー協会会長に就任した土田雅人さんと専務理事岩渕健輔さんに「本当に1000万円返したかどうか調べろ」と伝えました。なぜならエディーさんは「もらってない」と突っぱねているからです。ならば、1000万円はどこに消えたのか。これについては、私はいまだに納得していないのです。

次期ヘッドコーチは日本人で

令和5年（2023年）のラグビーフランスワールドカップを、私は病院のベッドで見ていました。ジェイミー・ジョセフヘッドコーチ率いる日本代表は「エベレスト」を目指したのですが、2勝2敗で2大会連続決勝トーナメント進出はなりませんでした。

日本は強豪のイングランドやアルゼンチンに対し、必死に戦っていた。しかし、最後には

エディー・ジョーンズヘッドコーチの後任はぜひ日本人で
（平成25年6月撮影。花園ラグビー場）

格の違いを見せつけられたというのが私の印象です。

ラグビーは、80分間のスコアで争われます。前半はよかった、後半の20分まではは勝っていたといったところで、それは自己満足です。42・195キロで争われるマラソンで、20キロまではトップだった、30キロまではトップ争いをしていたといっても、最後に抜かれてしまっては話になりません。その意味で、最後の20分間の戦い方は、日本の今後の大きな課題と言っていいでしょう。

先頃、引退した堀江翔太さんやリーチマイケル選手クラスの選手が何人もいて、フル出場してくれればいいのですが、残念ながらそれは難しい。となれば、後半の20分でヘッドコーチがどんなカードを切るか。それが今後の強化の焦点になってくると思います。セオリーからすれば、前半は若手に頑張ってもらい、後半に老獪なベテランを投入して逃げ切るというのがベターなような気がしますが……。

さて、やや独断専行のきらいのあるエディーさんを補佐するため、キヤノンのGMを務めていた永友洋司さんと東芝で活躍した廣瀬俊朗さんの二人の元日本代表を、スタッフとして送り込みました。彼らにはエディーさんの薫陶を受けることで、指導者として成長してもらいたいという狙いもあります。

個人的な願望を述べさせてもらえば、いずれ日本代表のヘッドコーチは日本人に担ってもらいたい。ヤマハ発動機を優勝させた清宮克幸協会副会長や、エディーさんの下でコーチを務めた沢木敬介さんが候補にあがってくるんじゃないでしょうか。協会は、まだ時期尚早と考えているのかもしれませんが、いずれ日本人が率いる日本代表がワールドカップで大暴れする——。そんな夢を私は抱いています。

ラグビー界が抱える財政問題

ラグビー界はトップリーグを発展的に解消したリーグワンを令和4年（2022年）にスタートさせたことで、ワールドカップで活躍した世界のビッグネームが、トップリーグ時代以上に集まるようになりました。このリーグワンが強化の基盤になっていることは改めて説明の必要もないでしょう。

だが先立つものは金です。先述したように協会には令和元年（2019年）のW杯で得た68億の資金があります。このプール金を担保にして、銀行から金を借りています。

地方協会には、このプール金をあてにしているところもあるようですが、この金は私と御手洗さんが許可しない限り、決裁できないことになっている。苦労して貯めた金に安易に手を出すと、自助努力を忘れてしまうんじゃないか。私はそこを危惧しているのです。

平成28年（2016年）、協会は世界最高峰のリーグといわれるスーパーラグビーへの参戦を決めました。そのため、日本人選手を中心にサンウルブズを結成しました。

実は私はこの参戦には反対でした。強度の高い試合では主力選手がケガをするリスクが伴うからです。レッズにいた五郎丸選手はサンウルブズとの試合で、右肩を脱臼し3カ月も試合に出られませんでした。もちろん平成28年（２０１６年）６月に行われた日本対スコットランドのテストマッチも欠場しました。

スーパーラグビーへの参戦を決めたのは、矢部達三専務理事でした。彼に問いただすと、「専務理事は会長になりかわって契約ができる」という規約を持ち出してきました。

先述したエディーさんとの契約の件もしかりですが、どうにも矢部さんは先走るところがあった。そうこうしているうちに平成28年（２０１６年）、あらゆる役職から降り、協会を離れてしまいました。

スーパーラグビーに参戦するにあたり、協会は毎年、何千万円もの出費を迫られ、一時は文科省から公益財団法人としての資格を取り上げられる寸前にまで追い込まれたのです。このことはラグビーをやっている人でも、知らない人の方が多いかもしれません。法人格を取り上げられることの恐ろしさを、民間でやってきた人たちはわかっていないのです。

というのも、公益財団法人は、毎年、ある程度のお金を国庫に入れなければならないのです。ところが入れるお金がない。そこで私はワールドカップの準備と並行して、金策に奔走しました。最終的には大企業数社に、５０００万円ずつ拠出してもらって最悪の事態からは

日英親善ラグビーでは見事トライを決めた
(平成10年10月撮影。秩父宮ラグビー場)

脱出できたのですが、あの時の綱渡りを思い出すと、今でも冷や汗が出てきます。

当面の課題は秩父宮ラグビー場の建て替えです。新スタジアムは1万6000人収容とコンパクトながら、屋根を備える全天候型の仕様になっています。コンサートなど多目的なイベントも開催できるため人気を博するはずです。

リーグワンについていえば、北海道のチームが参入しそうです。プロ野球のファイターズが撤退したことで、札幌ドームは閑古鳥が鳴いています。そこを本拠地とするラグビーチームの誕生を自治体が後押ししています。

北海道といえば、東芝ブレイブルーパス東京のリーチ選手は札幌山の手高校の出身です。いずれは地元に行って恩返しをするというストーリーがあってもいいでしょう。

ラグビーは生涯スポーツ

ラグビーは生涯スポーツでもあります。少子化の影響により、競技人口が減っているとはいえ、一度、都会に働きに出ていた人たちがUターンやIターンで地方に戻り、地元のクラブチームで汗を流している風景をよく見かけます。こうした草の根のネットワークがあるのも、ラグビーの強みです。

先日も、金沢で40歳以上だけが会員になれる「金惑ラグビーフットボールクラブ」創設50周年を記念した交流大会があり、ワイルドナイツの前身である三洋電機ＯＢたちとの試合は、なかなかの熱戦だったようです。

シニアラグビーには独自の競技規則があります。年代ごとに、それぞれパンツの色が分かれているのです。80代＝紫、70代＝黄、60代＝赤、50代＝紺、40代＝白。そして90代＝ゴールド。このようにラグビーは「人生１００年時代」を先取りしているのです。

ラグビー発祥の地である英国において、80代のラガーマンは当たり前です。私が自民党の幹事長だった平成10年（１９９８年）、英国の上院議員と日本の国会議員で親善試合を行いました。上院議員の中には80代の選手もおり、タックルをしてはいけないという決まりがありました。誰もタックルできないのですから、その議員がボールを持つとトライですよ。本当の意味で、勝ち負けのない楽しむためのラグビーです。何歳になっても楽しめる。これもラグビーの魅力の一つなのです。

第6章
オリンピック・パラリンピックに挑む

国立競技場建て替えは「国家百年の大計」

２０１９ラグビーワールドカップ組織委員会副会長と２０２０東京オリンピック・パラリンピックの組織委員会会長を務めることになった私にとって、一番頭を悩ませたのは国立競技場の建て替え問題でした。

新国立競技場の建造は、私に言わせれば「国家百年の大計」です。ワールドカップやオリンピックのような世紀のスポーツイベントがなければ、巨額の公費を投入してまで建造することはできません。

二つの組織委員会で要職を務めたことで、私はメディアから随分、「黒幕」呼ばわりされました。日本のメディアは陰謀論が大好きです。「裏で誰かが動かしている」と「黒幕」の存在をほのめかせ、国民の視線を、そちらに向けさせるのです。

しかし、実際のところ組織委員会副会長・会長とはいっても、できることとできないことがあります。たとえばラグビーワールドカップの場合、主催者はワールドラグビーであり、組織委員会は大会準備と運営にあたります。

石原慎太郎都知事なしにオリンピックはできなかった
(平成19年3月撮影。2016東京五輪招致委員会発足パーティー)

またオリンピックの場合、主催者はIOCで、開催都市の東京都とJOCは開催都市契約を結んでいるに過ぎません。組織委員会は、いわば主催者と開催都市、国と自治体の間に入り、大会を成功に導くべく駆けずり回る〝イベント業者〟に過ぎません。

言うまでもなく、組織委員会が主催者や開催都市の意向を無視して、強制的に事を運ぶことはできません。問われるのは調整力です。

ところで私がオリンピックにかかわるようになったきっかけは、石原慎太郎さんが都知事の頃に遡ります。平成17年(2005年)に2016年大会の招致に乗り出したことで、私も招致委員会の委員に加わりました。私は日本ラグビーフットボール協会会長と並行して日本体育協会（現・日本スポーツ協会）会長も兼務していました。

オリンピックに対する石原さんの思いは本物でした。当初の案では、晴海に国立競技場に代わるメインスタジアムを建造することになっており、メインスタジアムは世界的建築家の安藤忠雄さんがデザイナー総監督として指揮を執ることになっていました。

私は晴海の新スタジアム案には反対でした。「海にまで行かず、今あるものを造り直せばいいんじゃないか」と進言しました。しかし、石原さんはまったく聞く耳を持たなかった。

結局、16年大会は南米初ということでブラジルのリオデジャネイロに決定しました。自信満々だった石原さんは「俺はもうこんなものはやりたくねェな」とお冠でした。

平成17年（2005年）9月に石原都知事は16年大会の開催都市に立候補した。東京は半径8キロ圏内に97％の競技場が収まるコンパクト性を前面に掲げて「選手と地球のことを考えたオリンピック」をアピールしたが、投票結果は第1ラウンドがマドリード（スペイン）28、リオデジャネイロ（ブラジル）26、東京（日本）22、シカゴ（米国）18。ここでまずシカゴが脱落した。第2ラウンドはリオ46、マドリード29、東京20。ここで東京が消えた。決勝ラウンドはリオ66、マドリード32。ダブルスコアでリオの圧勝だった。

石原都知事が招いた混乱

私は招致失敗の敗因はＪＯＣにあると思っています。皇族出身の竹田恆和会長は馬術で昭和47年（１９７２年）ミュンヘンオリンピック、昭和51年（１９７６年）モントリオールオリンピックにも出場したオリンピアンですが、取り巻きの中には、残念なことに好き勝手に招致を進める者がいました。こうした国家的なプロジェクトを招致するにはスポーツ界はもとより、政界、財界あげて「オールジャパン体制」を組むしかありません。それができていたかどうか。

旗振り役としての石原さんの存在は重要でしたが、オリンピックの落選で嫌気がさしたのか、４期目の都知事選には出馬しないと宣言していました。

２０２０東京大会に立候補すれば、東京は勝てる公算が強かった。そこで自民党の谷垣禎一総裁や大島理森副総裁から「何とか出馬断念を思いとどまらせてほしい」と私に相談がありました。

有力な対立候補は元宮崎県知事の東国原英夫さんです。彼はオリンピック招致について、明確に反対の意思を表明していました。

そこで私は当時、自民党の幹事長を務めていた長男の伸晃さんに連絡し、石原さんの再出馬に向け動き始めました。

忘れもしない東日本大震災の前日の平成23年（２０１１年）３月10日、私は石原さんの滞在先のホテルを訪ね、深夜まで説得しました。東京都知事選挙に立候補する予定だった松沢成文さんも同席していましたが、「石原さんが出馬するなら立候補を撤回する」と明言してくれました。

あとは石原さんに翻意してもらうだけです。交渉は相当難航しましたが、最後は伸晃さんが説得してくれたようです。石原さんは出馬を決意し、４月に４選を果たしました。これにより、もう一度オリンピック招致に挑むことになりました。

しかし、平成24年（２０１２年）10月、石原さんは４期目途中で知事を辞任し、12月の衆院選を経て国政に復帰します。国政の場でやり残したことがあったのでしょう。

石原さんの後を襲ったのが、副知事だった作家の猪瀬直樹さんです。平成25年（2013年）9月に開かれたアルゼンチンのブエノスアイレスでのIOC総会で、ジャック・ロゲ会長が「トーキョー」と読み上げた時、その場にいた私たちは喜びを分かち合いました。

2020東京大会の招致計画は、2016年大会用につくったものをブラッシュアップしたものでした。半径8キロ圏内に97％の競技場が集中する「コンパクトなオリンピック」も踏襲していました。

しかし、ここで問題が生じます。メインスタジアムに予定していた晴海は海からの風が強く、陸上競技のタイムが公式記録にならない可能性が強いことが明らかになったのです。そこで石原さんの構想になかった国立競技場の建て替え案が、現実的な選択肢として検討されることになったんです。

屋根付き国立競技場案の意義

国立競技場の老朽化は、90年代後半から問題視されていた。平成14年（2002年）のサッカーワールドカップでも会場として使用されなかった。また陸上競技場としても国際大会の規定である9レーンを充たしていなかった。

東京都は平成22年（2010年）12月に『「10年後の東京」への実行プログラム策定2011』を示し、霞ヶ丘や駒沢などのスポーツ施設の整備を盛り込んだ。中でも国立競技場を含む霞ヶ丘エリアは神宮スポーツクラスターと命名し、建築規制の緩和を進めることで、改修から改築へとシフトしていくことになる。

明治神宮外苑の再開発は、地権者である明治神宮にとって長年の懸案でした。内苑は、「聖地」ですから、手を付けることができません。

しかし28・4平方メートルの外苑エリアは再開発することができるのです。そこで収益性が高まれば、72・２平方メートルともいわれる内苑の維持管理に回すことも可能になります。明治神宮の宮司さんからは「絵画館周辺と青山通りにつながる銀杏の並木通り以外は自由にしてもらっていい」というお墨付きを得ていました。

外苑の地権者である明治神宮は、いわば施工主です。文科省と東京都、そして明治神宮からも国立競技場の改築を後押しする方向性が明確になりました。

これはラグビーワールドカップを見据えるラグビー界にとっても、ありがたい話でした。ラグビーワールドカップの立候補ファイルには、「開幕戦は東京スタジアム、決勝戦は横浜国際総合競技場」と書きましたが、私には何とか新しくオープンした国立競技場をメインに据えたい、という思いがありました。

平成22年（２０１０年）11月、「ラグビーワールドカップ２０１９日本大会成功議員連盟」が創設されました。初代会長は元民主党の西岡武夫さん。同じ文教族で、気心の知れた仲でした。

平成23年（２０１１年）２月、ラグビーの日本選手権決勝の前に行われた発足セレモニーで、西岡さんは「この秩父宮ラグビー場をさらに大きくして、ワールドカップ開催にふさわしい競技場にするように働きかけるのも、私たちの役目だと思っています」と一席ぶってくれました。まだ神宮外苑の再開発が話題になっていない中、政治家として先陣を切ってくれたのです。

もっとも、国立競技場にしろ、秩父宮ラグビー場にしろ、いくら老朽化しているとはいえ、ラグビー界の力だけではどうすることもできません。しかしオリンピックという国家プロジェクトの力を借りれば、地区一帯を整備することが可能になります。

私自身、日本ラグビーフットボール協会会長として、平成24年（２０１２年）１月から国立競技場将来構想有識者会議のメンバーに加わっていました。この会議は、文科省の下部組織であるＪＳＣ（日本スポーツ振興センター）が仕切っていました。

私はラグビーを代表する立場でしたが、オリンピックでサッカーが使う場合も想定し、スタジアムの仕様について、いろいろと提案しました。

ご承知のように、平成24年（２０１２年）に開かれた国際コンペで、ザハ・ハディドさんのデザインが選ばれました。しかし建設費の高騰や景観の問題が浮上し、平成27年（２０１５年）７月、国により白紙撤回されます。当初案のままだったら開閉式の屋根が設けられて

ザハ・ハディド氏設計の国立競技場の模型を視察する著者
（平成25年８月撮影。秩父宮記念スポーツ博物館）

いたため、オリンピック後はスポーツだけでなくコンサートにも利用できる構造になっていました。

私は委員として、オリンピック後の施設運営についての報告も受けていました。大物アーティストを呼べば稼働率も上がり、「3、4年で十分に黒字化できる」という試算が示されていました。

大物アーティストといえば、元ビートルズのポール・マッカートニーさんもその一人です。平成25年（2013年）11月、東京ドームでのコンサートは、私も観賞しました。2時間半に及んだライブは、実に素晴らしいものでした。

後に施設利活用（文化）のグループ座長になった都倉俊一さんによれば、マッカートニーさんから「2019年に国立競技場ができたら、ぜひコンサートに呼んでほしい」と頼まれていたそうです。

開閉式のドームなら音響問題でクレームが出ることもありません。残念ながら令和6年（2024年）に国立競技場で開催されたコンサートではクレームが出たそうです。また観客から「音響がよくない」と指摘された、という報告も受けました。

都倉さんは、専門委員会の会議で「下村（博文）大臣が予算委員会の中で年間10回程度、イベントを招致できる、との発言があったが、実際はその3、4倍の需要がある」と述べていました。

結果的に予算の圧縮により、開閉式スタジアムのプランは消えてしまいました。

私は今でも開閉式スタジアムが幻に終わったことが残念でなりません。国立競技場を恒久的な施設として利用するためには、開閉式こそが〝最適解〟だったのです。

「損して得取れ」という言葉が、この国にはあります。新スタジアムを建造するにあたり、当初予算をオーバーしたのは事実ですが、スポーツの試合だけでスタジアムの日程を埋めるのには無理があります。建造後の維持費を考えれば、目先のコストだけに目を奪われるべきではないのです。

エジプトのピラミッドを見てください。およそ4500年前に造られたそうですが、古代のエジプト人が知恵と労力を結集したからこそ、世界に類を見ないものになったのです。予算が足りないからと言って中途半端なものを造っていたら、今頃は誰も見向きもしなかったでしょう。いや、もうこの世に存在していなかったかもしれません。言うまでもなくピラミッドは、エジプトを代表する文化であり、最大の観光資源です。後世の人々に悠久の時を経て利益を分配しているのです。

国立問題を〝政治問題化〟した政治家

新国立競技場の建造は、先述したように共産党も含め、与野党の賛成を得て進めていた計画です。神宮外苑の再開発については東京都が、国立競技場については文科省とＪＳＣが中心となり進めてきました。

当然、新国立競技場の最高責任者は下村博文文科大臣です。計画を進めなければならない立場なのに、建造費の上振れの問題がクローズアップされると、政治判断を棚上げし、4カ月も先送りにしてしまったのです。

そして、あろうことか最終判断は安倍晋三総理に丸投げしてしまいました。安倍さんが「現在の計画を白紙に戻し、ゼロベースで見直す」と表明したのは平成27年（２０１５年）7月のことです。

ところで石原さんは晴海のスタジアム案を出した当初から、新国立競技場の建造費の一部を東京都が負担することで合意していました。

ところが、ここでまた予期せぬ出来事が起こります。石原さんからバトンを引き継いだ猪瀬さんが都知事選の選挙期間中に医療法人から５０００万円を受け取ったというスキャンダ

舛添要一さんには期待をしていたが……
（平成27年7月撮影。国立競技場将来構想有識者会議にて）

ルで突然、辞職してしまったのです。

猪瀬さんの次の都知事は、元厚生労働大臣の舛添要一さん。学者出身だけに、プライドが高く、気難しいイメージを持っていましたが、会ってみると実に気さくな人物でした。

ある時、国立競技場の建て替えの話になった。騒音問題について聞くと、彼は「競技場のまわりに高い壁をつくり、音が外に漏れないようにしてはどうでしょうか」と理路整然と答えた。その発想の柔軟性に感心した覚えがあります。

その頃、舛添さんは都議会との間でバトルを繰り広げていた。舛添さんをサポートしたいと思った私は、週に一度は都知事室で昼食を取り、都議会対策をアドバイスしました。それにより、随分、風通しがよくなりました。

私は舛添さんに長くやってもらいたかった。というのも石原さん、猪瀬さん、そして舛添さんと、短期間でコロコロと都知事がかわってしまっていた。組織委員会は東京都と密接な関係を築いていなければ機能しません。

そんなこともわかっていながら、一部のメディアは私を悪役に仕立てあげ、ラスボスのように振る舞っていると書きました。冗談じゃない。これだけコロコロ都知事がかわることにIOCたちの幹部も呆れていましたよ。いったい誰と交渉すればいいのかと。都知事不在の間は私が対応するしかない。コロコロかわる都知事に、どれだけ組織委員会は振り回されたか。しかし、残念ながらその点に言及するメディアは、ほとんどなかったですね。

さて舛添さんは2020東京大会の開催に非常に協力的でした。頭のいい人だから、短期間でオリンピックやパラリンピックのことも理解してくれました。

一時、組織委員会はオリンピックの開催費用が、招致委員会が作成した予算計画と異なっていたことで矢面に立たされました。それをうまくサポートしてくれたのが舛添さん。会場の変更などで、約2000億円の予算削減に成功しました。

しかし、国立競技場の建て替え費用を巡っては安易な妥協はしなかった。

「580億円なんて予算を都が負担したら、オンブズマンに説明できません」

「負担の法的な根拠がない」

「税金を出すのは都民」

こう攻め立てられた下村大臣は、逃げの一手で「節約できるかもしれない」と言ったかと思うと、「開閉式の屋根を見直す」「観客席の一部を仮設にする」と思いつきで話すなど、無定見この上ない。あの時期、スポーツに理解のない人物が文科大臣に就いていたことは、本当に不幸なことでした。

下村大臣、最後は安倍さんにゲタを預けるわけですが、この問題はあくまでも所管の大臣が決めること。「決まったことですから、これでやりましょう」と総理を説得するのが仕事なのに、よりによって泣きついてしまった。まあ優柔不断な人物です。

国立競技場の建て替えに異議を唱えた政治家は他にもいました。当時、自民党の「無駄撲滅プロジェクトチーム」の座長だった河野太郎さん、後藤田正純さん……。彼らが一部のマスコミを巻き込んで政治問題化させた。

これにうろたえたのが下村大臣。

「あの屋根は潰せませんか？」

「バカ野郎、誰に言ってんだ！」

怒り心頭に発した私は、つい怒鳴りあげてしまいました。

下村大臣は、うつむいたまま右往左往していました。

安倍総理が白紙撤回した理由

平成27年（２０１５年）７月17日午後、安倍総理が白紙撤回する当日、私は官邸に呼び出されました。

「国立の問題だったら、私は行きませんよ」

嫌な予感がしたので、私はこう予防線を張りました。

「森先生、違います。そんな話はしません」

その席には下村大臣と、五輪担当大臣の遠藤利明さんも呼ばれていました。

平成27年7月、安倍晋三総理は国立競技場の改修案を白紙撤回

「森先生、ご苦労様です」

そう言うと、安倍さんは下村さんと遠藤さんに目で合図を送りました。おそらく安倍さんは、二人に私を懐柔してもらいたいと考えていたのでしょう。

「用があるなら、二人を入れたらどうですか」

そして私は、はっきり言いました。

「会長という仕事を賭けて国立の建て替えにのぞんできたんだ。これがやれないんだったら、私は会長をやめる」

ついでに、こうも言いました。

「下村君、おまえとは二度と口をきかないからな」

それ以来、下村大臣は1年近く、私を避けていました。私に合わせる顔がなかったのでしょう。

政治の話をすれば、当時、安倍総理は支持率の低下に悩んでいました。安保法制を巡り、世論が二分していたのです。国民の厳しい目を国立競技場の方に向けさせる、という狙いもあったのではないでしょうか。

下村さんは安倍政権下で文科大臣になり、「次の清和会の会長は俺だ」と派閥の領袖の座を狙っていた。要するに総理になりたい、という野心を抱いていたんです。

安倍総理の覚えのめでたい下村さんは、支持率の回復には何がいいかと頭をひねり、ある官邸の役人の入れ知恵に飛びついてしまったんです。

「国立競技場の屋根を外せば2000億円下げられる。国民も拍手喝采し、安保法制に向けられていた冷たい視線も、そちらに向く……」

そんな姑息な手を用いなくても、堂々と国民に説明すれば、安保法制の重要性は理解してもらえます。

私がけしからん、と怒っているのは、国の宝となるナショナル・スタジアムを取引材料に使ったからなんです。自分の出世のことしか頭にないから、こういうことができるんでしょう。

これについては、2020東京大会組織委員会の名誉会長を務めていた御手洗さんも「俺はもう辞めるぞ」とカンカンでした。私も同じ気持ちでしたが、これで辞めてしまったら、さらに混乱が広がってしまう。無念の思いをぐっとのみ込んで続けることにしたのです。

それにしても下村さんは厚顔無恥にも程があります。忘れもしない令和5年（2023年）9月23日、私の事務所に下村さんが訪ねてきました。私の顔を見るなり、「私を清和会の会長にしてください」と頭を下げたのです。言うまでもなく、私はもう国会議員ではありません。「外の人間が、そんなものを決める立場にはない」と断ると、土下座までするじゃないですか。

そして、芝居じみた言葉を口にしたのです。

「これまでの無礼をお許しください。これはわずかですが……」

そう言って紙袋を私に手渡そうとしました。私はピンときました。

「これはお札じゃないか……」

なめられたものだと、ついカッとなりました。

「なんの真似だ！」

すると指を2本突き出し、こうのたまったのです。

「二つ入っています」

まあ、随分とふざけた行動です。私はその場にいた秘書に証人になってもらい、すぐに突き返しました。証人がいないと、後で何を言い出すかわかりませんから。

情けないことに、これが国民に教育や道徳の重要性を説くトップの男の振る舞いです。権力の妄執に取り憑かれた男の、何とも哀れな姿でした。

新しい国立競技場は欠陥だらけ

工期の大幅な遅延で、新国立競技場をラグビーのワールドカップに使用することはできませんでした。計画が一度、白紙になった後、設計を担当することになったのは安倍さんと親しかった隈研吾さんでした。

私は令和2年（2020年）1月、全国大学ラグビーの決勝で、初めて新国立競技場に足を運びました。一見すると、非常にきれいなスタジアムです。

しかし、私はすぐスタジアムの欠陥に気づきました。当初の計画にはあったはずなのに、新スタジアムには天皇陛下や世界の国賓クラスがご観戦なさるロイヤルボックスがないのです。

内覧の際、私は関係者に直接言いました。

「陛下のお座りになるところは」

「もちろん、あります」

「いや、こんなところに陛下をご案内することはできませんよ」

簡素というより失礼と言っていいほどのしつらえでした。

「ではロイヤルボックスは？」

「いえ、気づきませんでした。設計図にありませんでしたから……」

周囲も悪いが、隈さんも悪い。なぜ、そんな大事なことに気がつかないのか。

世界のＶＩＰが顔を揃えるロイヤルボックスは、おもてなしだけでなくセキュリティー面からも最も重要視される場所です。そこに対する意識が薄いようでは、無責任と言わざるをえません。

ＶＩＰ用のエレベーターが、たった3基しか備えられていないことにも私は驚きました。しかもエレベーターを降りたら、すぐ競技場内の敷地に出る構造になっている。私も世界のＶＩＰと共に貴賓室に招待されたことがありますが、世界の王族は、エレベーターには一人で乗るならわしになっているのです。安全面を考えてのことでしょう。

そこで私は言いました。

東京五輪開催決定に歓喜する著者（右）。中央は安倍総理。左は当時の猪瀬直樹都知事（平成25年9月撮影。アルゼンチンのブエノスアイレスにて）

「たとえ1000億円くらいかけてでもVIP専用のエレベーターとロイヤルボックスの整備を進めてくれ。じゃないと日本の沽券にかかわる」

簡素化は、確かに東京オリンピック・パラリンピックのテーマではありましたが、金はかけるべきところにはかけておかないと、後で取り返しがつかないことになる。今もその心配は消えません。

立候補ファイルという名のずさんな予算計画

招致決定から開催まで、組織委員会

は決められた予算内でのやりくりを迫られます。ところが肝心の予算計画がいい加減では業務に支障が生じます。ずさんな設計図を元に家を建てるようなものですから。

中でも立候補ファイルには随分、悩まされました。平成24年（２０１２年）２月に東京都がＩＯＣに提出した14項目から成る文書ですが、３０１０億円という見積もりは、あまりにも現実離れしたものでした。

平成26年（２０１４年）１月、私が組織委員会の会長に就任して最初に直面したのが、この立候補ファイルに示された予算の洗い直しでした。

組織委員会はＩＯＣが東京都と開催都市契約を交わした後、東京都に代わってオリンピック・パラリンピックの運営を委託された組織です。当然のことながら東京都が提出した立候補ファイルの内容に沿ったかたちで予算を組まなければなりません。

ところが、東京都がＩＯＣと約束したコンパクトな会場計画自体に大きな問題があったことに加え、東日本大震災により建設費や人件費が大幅に高騰したことで、当初の予算では足りなくなってしまったのです。

先に予算計画自体がずさんだったと述べましたが、たとえば仮設施設の会場運営費は計上されていても、撤去費はカウントされていなかった。あるいは会場の用地取得費や道路整備費も抜け落ちているといったありさまでした。半径8キロ圏内というコンパクトな開催計画にこだわり、予算をできるだけ小さく見せようとしていたのです。

一例をあげれば、ヨットレースの会場は当初、東京湾を予定していました。波が立つから、波除けの防波堤が2本必要になる。

そこで組織委員会が見積もったところ、1本あたり480億円。つまり2本で960億円です。わずか一つの競技で1000億円の追加予算が必要な状況です。多かれ少なかれ、他の競技でもこういうことが起きていました。

組織委員会が平成28年（2016年）に公表した試算では、当初の7340億円の倍以上にあたる1兆5000億超という数字が弾き出されました。事前に競技会場は、恒久施設は東京都が、仮設施設費は組織委員会が負担することになっていましたが、「恒久」や「仮設」の定義はいい加減なもので、実際は何も決まっていなかったのです。

組織委員会が負担する仮設会場の整備費や運営費は3000億円の予定でしたが、これも調べてみると5000億円という数字が出てきた。実に1・6倍です。IOCへの印象をよくするため、意図的に予算を低く見積もっていたとしか考えられません。

招致委員会の立候補ファイルは、都と招致委員会によって作成され、スポーツの総本山であるＪＯＣが中心となって個別の競技ごとに予算を見積もり、最終責任者である都知事の承認を経てＩＯＣに提出されます。

私は招致委員会では評議会の副議長を務めていましたが、立候補ファイルの作成には一切、関与していません。組織委員会の会長になって初めて立候補ファイルのずさんさに気がついたというわけです。

猪瀬さんはＩＯＣに対し「都には４０００億円の金がある」と豪語していました。予算を超過しても、都の金で何とかなると言いたかったのでしょうか。

さて私が組織委員会の会長になった経緯ですが、最初から私がなりたかったわけではありません。こういうものは財界人がいいと考え、キヤノンの御手洗さんにお願いしようと思いました。

しかし御手洗さんはラグビーワールドカップ組織委員会会長の要職にあり、両方をやるのは難しいと。それならばとトヨタの張富士夫さんにお願いに行ったところ丁重に断られてしまった。逆に「あなたがやれば」との声があがり、やむなく引き受ける羽目になってしまったのです。

小池百合子都知事とは関係修復に努めた
(平成25年12月撮影。都内)

オリンピックを政策の具にした小池百合子さん

都知事がコロコロかわったのが、混乱の原因だと先に述べました。石原さんが衆院選に出馬するための4期目途中で辞職したのが平成24年(2012年)10月。後継の猪瀬さんが辞職したのが平成25年(2013年)12月。在職期間は歴代最短の372日です。学者出身の舛添さんも金の問題で2年4カ月しか持たずに辞職。そして小池百合子さんが平成28年(2016年)7月、無所属で出馬し、女性初の都知事になるのです。

都知事がかわるたびに方針が変わる。引き継ぎもなく、皆、人気取りのために世間受けするパフォーマンスばかり競う。実務を担うこちらはたまったものじゃありません。

小池さんにいたっては、平成28年（２０１６年）７月の都知事選で、組織委員会を仮想敵に位置づけ、公然とこちらを批判してきました。私を悪役に仕立てあげ、正義の〝女性闘士〟の役を演じたかったのでしょう。マスコミもコロッとそれに乗ってしまった。

「コンパクトにした原案を組織委員会が拡大してしまった。それで膨大な経費がかかるようになった」

「最近では一兆、二兆、三兆と。お豆腐屋さんじゃないんですよ」

この方は日本新党から出馬して国会議員になり、自民党に転じた。細川護煕さん、小沢一郎さん、小泉純一郎さんなど、時の権力者に取り入るのがうまい。非常に処世術に長けている。少々皮肉を込めて言えば、演説もお上手で、ポピュリスト政治家の最たるものです。

しかし、よくよく考えてみてください。そもそもいい加減な立候補ファイルをつくったのは誰だったのか。それは組織委員会ではなく都だったんです。検証するなら、まずは身内からでしょう。仮想敵をつくって空虚な熱狂を人工的につくり出し、自分一人が正義の役を演じる手法に、私は正直言ってうんざりしていました。

しかし、そうは言っても私には仕事がある。与えられた任務を粛々とこなしていかなければなりません。実際、組織委員会には東京都の職員もたくさん出向しており、彼らは小池さんが組織委員会を批判するたびに困惑の表情を浮かべていましたよ。

小池さんは上山信一慶應義塾大学教授を特別顧問とした都政改革本部を立ち上げ、会場の見直しなどを検討しましたが、オリンピック・パラリンピックの準備が遅れるだけではかばかしい成果はありませんでした。逆に準備が遅れることで、さらなる負担が生じかねない事態に陥ったほどです。

組織委員会が予算を2000億円以上削減したことは先に述べました。都内に集約された競技場を、逆に広域化することでコストの軽減に努めたのです。IOCのトーマス・バッハ会長も組織委員会の努力を評価してくれました。

マラソン札幌開催までの紆余曲折

私は時間が許す限り、組織委員会に顔を出していました。スタッフたちに繰り返し言ったのが「テロ、暑さ、輸送」対策です。これだけは万全を期してくれと。

特に猛暑は頭の痛い問題でした。地球温暖化の影響もあり、東京でも最高気温が40度近くに達することが珍しくなくなりました。

令和元年（２０１９年）10月のことです。ＩＯＣのジョン・コーツ調整委員長から突然、私の元に連絡が入りました。

「マラソンと競歩の会場を札幌に移転することを決めた」

青天の霹靂とは、このことです。これまで組織委員会は、猛暑でもマラソンや競歩のレースができるよう、さまざまなシミュレーションを行ってきただけに、一方的な通告には心底、驚きました。

鋭い口調でコーツ委員長は続けました。

「もしランナーがレース中に一人でも倒れたら、世間は森会長や小池知事を許さないでしょう」

すぐに五輪担当大臣の橋本聖子さんを呼び、「大変なことになった」と告げましたが、もう時間は限られています。それに開催会場の変更という大仕事は東京都や組織委員会だけではできません。当該自治体とも話し合わなければなりませんから、国家レベルでの調整が必要になります。

そこで私は安倍総理と菅義偉官房長官に連絡を取り、会場変更の了承を得ました。

とはいえ、札幌市が受け入れてくれるかどうかはわかりません。私は取るものも取りあえず札幌に向かい、北海道新聞を訪ねました。なぜ北海道新聞だったかというと、ここは毎年、北海道マラソンを主催していた。競技運営や会場整備のノウハウに長けており、ここの協力を得ることが不可欠だと考えたのです。幸い、北海道新聞は二つ返事でOKしてくれました。

問題は東京都です。何かと私と組織委員会を目の敵にする東京都が、果たして聞き入れてくれるだろうか。正直言って、この時点で私と小池さんの間に信頼関係はありませんでした。

マラソンと競歩に対し、東京都と組織委員会は早い段階から熱中症対策に取り組んできました。日本伝統の「打ち水」の効果を確かめたり、顔認証システムの導入で、入場時の混雑緩和のシミュレーションも行いました。

それがまったく無になるわけですから、「はい、わかりました」とは小池さんも言わないでしょう。しかし、あくまでも主催者はＩＯＣです。彼らが決めた以上、私たちは従うしかない。これが冷徹な事実でした。

説明役として武藤敏郎事務総長を小池さんの元に送ったのですが、案の定、小池さんは不服な様子だったらしい。それで翌日、武藤さんを伴って私も都庁に出向き、ＩＯＣの意向を

オリパラ組織委員会の最大の人事だった武藤敏郎さんの起用
（令和2年3月撮影。都内）

伝えました。ちなみにコーツ委員長はこの件で2度も小池さんと電話で話したようですが、すぐには首をタテに振らなかったそうです。

「合意なき決定」

この言葉に小池さんの思いが集約されています。最終的には11月1日、私とコーツ委員長、橋本大臣、小池都知事の4者会談で移転が承認されました。

この件に関し、小池さんは後々まで「最後に知らされて……」と蚊帳の外に置かれたことに不満たらたらの様子でしたが、先に知らされたとしても、主催者であるIOCの意向には逆らえなかったと思います。

ここでも私は悪役にされてしまいました。しかし、札幌への会場変更を決めたのはＩＯＣです。いわば私は、その尻ぬぐいをしたに過ぎません。コーツ委員長が私に最初に連絡をよこしたのは、国や自治体を動かし、調整できるのは私しかいない、と判断したからでしょう。パフォーマンスだけでは国も自治体も動かないのです。今になって小池さんも、そのことがおわかりになったんじゃないでしょうか。

武藤事務総長の功績

小池都知事との交渉で矢面に立ってもらった武藤事務総長には本当に感謝しています。事務方として、彼は献身的に私を支えてくれました。

武藤さんとは古い付き合いです。私が文教族だった若手時代、大蔵省（現・財務省）の主計局で文教部門を担当していたのが武藤さんで、予算編成の際には大変お世話になりました。

また武藤さんは私の地元の石川県で総務部長をしていた時期もあり、随分、親しくさせていただきました。武藤さんは数字に強く、人柄も温厚です。何より、この人に任せておけば大丈夫、という安心感がありました。

武藤さんの経歴は華やかです。事務方のトップである大蔵省の事務次官や日銀の副総裁を歴任されただけあって、各省庁ににらみもきく。

「残りの人生はお国のために頼みます」

いわば三顧の礼を尽くして口説き落としたのが真相です。

武藤さんの下で、メイン・オペレーション・センター（ＭＯＣ）チーフを務めた中村英正さんの仕事ぶりにも舌を巻きました。中村さんは平成26年（２０１４年）５月に財務省から組織委員会に出向し、長期にわたって指揮を執ってくれました。本来なら事務次官になってもいいくらいの切れ者ですから、こちらとしては本当に心強かった。２０２０東京大会の影の功労者と言っていいかもしれません。

東京五輪・パラ延期までの経緯

新型コロナウイルスの感染が世界中に拡大する中、令和2年（2020年）3月24日、総理大臣公邸で安倍総理はＩＯＣバッハ会長、組織委員会の森会長、小池都知事、橋本担当大臣と電話会談を行い、オリンピック・パラリンピックの1年延期を決めた。

令和3年（2021年）、オリンピックは緊急事態宣言下の7月23日、またパラリンピックは8月24日からスタートし、一部の競技を除いては「無観客」で開催された。


コーツ調整委員長が来日したのは、令和2年（2020年）2月のことです。この時点でIOCは東京大会の延期や中止についてはまったく考えておらず、感染対策や医療体制など、安全面に関する話がほとんどでした。

ところが、それから1カ月もしないうちに世界の景色が変わってしまいます。パンデミックの様相を呈し始めたことで、世界各地で非常事態宣言が出されることになったのです。バッハ会長が「WHO（世界保健機関）の助言に従う」と発言すると、急に雲行きが怪しくなってきました。時を同じくして、日本でも延期論や中止論が出るようになってきました。

3月22日の夜のことです。バッハ会長から「延期したい」という連絡が入りました。4週間を目途に日本側も対応してほしいと。私が、「中止はないか？」と念押ししたところ、それはない、ということでした。

コロナの猛威により、ＩＯＣ内部も揺れていました。ヨーロッパの委員の一部からは中止論も出ていました。それだけは避けたいＩＯＣは「延期」というカードを先に切り、「中止」を阻止したいという狙いがあったようです。

安倍総理に相談したところ、総理自身も早期に結論を出したがっていました。かくしてバッハ会長との緊急電話会談が設定されたのです。

この電話会談の30分前に、私は公邸に呼び出されました。安倍総理は事前に話す内容を詰めておきたかったようです。

私はこう切り出しました。

「延期は2年でどうでしょう？」

「いえ、ダメです。１年で……」

そして、安倍さんは強気な口ぶりで続けました。

「コロナに打ち勝つには、１年もあれば大丈夫でしょう。もう、その頃にはコロナウイルスに有効なワクチンも開発されていますよ」

事前の擦り合わせもあり、安倍バッハ会談は45分ほどで終わりました。バッハ会長が政府の１年延期案を支持したことで、組織委員会の方針も固まりました。

IOCのバッハ会長とは何度も厳しい交渉をした間柄
（令和2年11月撮影。都内）

仮に2年延期した場合、22年（令和4年）には北京冬季オリンピックも控えており、1年で冬夏の2開催となってしまいます。スポンサーやテレビ放送権料の問題もあり、これは避けたいというのがIOCの本音でした。

もっとも組織委員会としても、2年の延期はきつかったというのが本当のところです。「1年でコロナが落ち着くだろうか……」という不安があり、私は「2年延期」を安倍総理に申し出たのですが、3500人の職員のほとんどは、国や都、企業からの出向者です。2年も引き止めるのは容易なことではありません。

それ以上に心配だったのはアスリートのことです。1年はともかく2年も延期となれば、モチベーションを保つのは困難です。その意味ではIOCにとっても日本にとっても、またアスリートにとっても〝三方よし〟の落としどころだったと言えるかもしれません。

オリンピック・パラリンピックの一本化

私が組織委員会会長に就任した時、最もこだわったのがオリンピックとパラリンピックの一本化でした。

日本において、いわゆる健常者と障害者のスポーツは、それぞれ所管官庁が文部科学省、厚生労働省と異なっていたため、別物と見なされていました。

風穴を開けたのが平成23年（2011年）に制定されたスポーツ基本法でした。平成27年（2015年）には文部科学省の外局としてスポーツ庁もでき、スポーツ行政も一本化されることになりました。

平成28年（2016年）のリオデジャネイロオリンピックが始まる直前のことです。JOCからリオのメダリストの栄誉を称えるため、大会終了後に銀座でパレードをしたいという

大成功に終わったリオ2016オリパラ合同のパレード
(平成28年10月。都内各所)

提案を受けました。

それに関しては私も賛成でしたが、「パレードをするのであればオリンピック・パラリンピックのメダリストが一堂に会した方がいい」と代案を出しました。

ところが、ＪＯＣの竹田会長は「パレードはオリンピックのメダリストだけで」と譲らない。

「オリンピックの盛り上がりが冷めないうちにパレードを実施したい。それにオリンピック直後じゃないとメダリストたちは時間がとれない」

国民がメダリストを祝福するのにオリンピアンとパラリンピアンをあえて分ける必要はないでしょう。

そこで私はスポーツ庁に掛け合い、パレードの主催をスポーツ庁にお願いすることにしました。これにＪＯＣ、ＪＰＣ（日本パラリンピック委員会）、２０２０東京大会組織委員会、東京都も加われば、文字通り国家的な行事になると考えたのです。

しかし、なぜかＪＯＣの対応はつれない。スポーツ庁の初代長官の鈴木大地さんに対しては、あるＪＯＣ幹部から「オリンピックとパラリンピックのパレードを別々にできないか」という打診があったそうです。リオオリンピック・日本代表選手団団長の橋本聖子さんまで

「パレードを分けたい」と言い出す始末で、これには手を焼きました。

このように紆余曲折はありましたが、オリンピアンとパラリンピアンの共同パレードは、やってみたら大成功でした。平成28年（2016年）10月7日に開催され、虎ノ門から日本橋までの沿道には80万人が詰めかけました。東京オリンピック・パラリンピックをアピールする上でも、絶好の機会となりました。

東京五輪・パラ汚職事件の背景

東京オリンピック・パラリンピックのスポンサー選定を巡り、賄賂を受け取ったとされる事件で公判中の高橋治之さんが、「週刊文春」令和6年（2024年）2月15日号のインタビューに答えていました。

見出しを見て驚きました。

『安倍晋三に裏切られ、森喜朗に嵌められて…五輪の闇初告白《五輪汚職》高橋治之被告（79）が独占7時間』

スポーツ業界で高橋さんの名前を知らない人はまずいないでしょう。電通の副社長にまで上り詰めた人物で、誰もが一目置いています。

私が初めて彼に会ったのはラグビーワールドカップの招致活動をしている時です。随分、いろいろとアドバイスをいただきました。

しかし、スポーツに精通している人たちから「高橋さんと付き合うのはまずい」と再三忠告を受けたのも事実です。そういうこともあり、私は適度な距離をとってお付き合いしていました。

私を高橋さんに、より近づけたのはワールドラグビーの元会長ベルナール・ラパセさんでした。

「ミスター・モリ、ミスター・タカハシを知っているか？」

いきなり、こう切り出され、戸惑った覚えがあります。つまり紹介してくれ、ということです。

お世話になっているラパセさんの頼みとあっては断れません。紹介はしましたが、ラパセさんとどういう話をしていたかについては、まったく知りません。

それ以降、高橋さんは創設されたばかりのオリンピック・パラリンピック組織委員会に、ちょくちょく顔を出すようになりました。理事就任への色気を隠すこともありませんでした。

しかし高橋さんは、よくも悪くもアクの強い人です。味方もいるけど敵も多い。高橋さんの名前を出すだけで、「あの人だけはやめた方がいい」と露骨に嫌な顔をする人もいました。

そこで私は、高橋さんにこう因果を含めました。

「あなたがどうこうじゃなく、最後は電通がどうするかでしょう」

平成26年（２０１４年）３月17日の評議委員会では、35人の理事のうち34人が決定しました。マーケティング担当理事の１枠は先送りされました。

> 電通出身の高橋氏は「サッカーの神様」ペレの引退試合を日本で行い、成功させたことで一躍、有名になる。高橋氏は清涼飲料水メーカーと組んでチケットプレゼントキャンペーンを展開するなど、現在のスポーツマーケティングを先取りする手法で、赤字必至と言われた大会を黒字に導いた。以来、日本におけるスポーツビジネスの第一人者として、業界に君臨した。

高橋さんはアクの強い人ですが、オシの強い人でもあります。私に何度も「俺を理事にしないとは何事か！」と直談判しました。

平成26年（２０１４年）、組織委員会は電通をマーケティング専任代理店に指名します。このことは34名の理事を決めた評議委員会を開催した3月の時点で、ほぼ決まっていました。つまり「残り１枠」は高橋さんのためにとっておいたわけではなく、電通とうまくやれる人を指名したかったのです。

業界の裏話をすれば、電通も一枚岩ではありませんでした。当時、社長を務めていた石井直さんは、ＯＢである高橋さんの強引とも言えるビジネスの進め方に批判的で、高橋さんの理事就任には難色を示していました。

しかし、それでも高橋さんは〝押しの一手〟で向かってきます。最後には冷静な武藤さんですら「もう高橋さんでいいのではないか」と根負けしてしまったほどです。

理事の座にこだわった高橋さん

アンチ高橋派が組織委員会の大半を占める中、最初から最後まで強力に高橋さんを推薦したのが組織委員会の副会長を務めていたＪＯＣの竹田会長でした。

聞けば竹田会長の3歳上のお兄さんは高橋さんの慶應大学の同級生で、その関係もあって2人は肝胆相照らす仲でした。高橋さんは「森さんに嵌められた。マーケティング担当の理事にしてくれとは言っていない」と話しているようですが、だったら最初から理事の肩書きにこだわらなければよかった。

マーケティング担当理事の権限を巡っては、みなし公務員ということも含め裁判の争点になっているようですから、私はコメントする立場にありません。ただし理事の座を求めず、正式な手続きを踏んで正当なコンサルティング料をもらっていれば、ここまでの展開とは違ったものになったでしょう。

もっとも私も含めスポーツの世界に長く携わってきた人々も反省しなければなりません。スポーツマーケティングの第一人者や電通に頼り切りで、イベントを丸投げするような競技団体もありました。JOCや競技団体がマーケティングの専門家育成を怠っていたと言われれば、確かにそうした一面はあるでしょう。今後に向け課題を突きつけられたようにも思います。

嘉納治五郎財団とは何か

高橋さんには誤解があるようです。先の週刊誌の記事で、高橋さんは私が代表理事を務めていた、一般財団法人「嘉納治五郎記念国際スポーツ研究・交流センター」についても言及されています。

高橋さんは大企業のトップが、財団に多額の寄付をしたことを問題視していますが、そこが私にはわからない。端的に言えば財団は、2020東京大会の招致と準備のための基金を管理していた団体です。

私は平成21年（2009年）に財団を設立した際、2020東京オリンピック・パラリンピック招致委員会事務総長だった河野一郎さんから依頼され、代表理事に就任しました。

では、なぜこの団体を設立したかというと、オリンピック・パラリンピック招致に際しては、相応の活動費がかかる。あくまでも儀礼の範囲内ですが、ロビー活動のためにはお土産も必要でしょう。まさか手ぶらで要人と会うわけにはいかない。そういう資金をプールしておくための財団だったんです。

このことは、もちろん五輪担当大臣だった遠藤利明さんや官房長官だった河村建夫さんも知っていました。オリンピック・パラリンピック組織委員会で使う金は国費です。税金ですから使用目的は制限される。これは当然のことです。

一方で儀礼の範囲内のお金まで使っちゃならないとなれば、これは手足を縛られたも同然です。招致活動自体やってはならないと言われているようなものです。

令和3年（2021年）1月に財団は活動を停止しました。それはオリンピック・パラリンピック開催に目途がついたためです。要は目的を達成できたということです。

「女性蔑視発言」でのバッシング

1年の延期が決まっても、コロナの感染拡大は一進一退の状況で、令和3年（2021年）の正月、私は3カ所も神社を参拝しました。神様の力を借りるしかないと思ったのです。世間の風当たりも一段と強くなっていきました。国立競技場の建て替え問題を巡っても厳しい批判を受けましたが、この時はその比ではありませんでした。

そんな私にアドバイスを送ってくれた元アスリートがいます。昭和55年（1980年）モスクワオリンピック、昭和59年（１９８４年）ロサンゼルスオリンピックの金メダリスト（１５００メートル走）で平成24年（２０１２年）ロンドンオリンピックの組織委員会会長を務めたセバスチャン・コーさんです。

「ミスター・モリ。淡々とやればいいんですよ。オリンピックが近づくと、自然に盛り上がりますよ。文句ばかり言っているヤツでも、大会が盛り上がると〝やってよかった〟というに決まっている。世間とはそういうものです」

コーさんには、私と同じ組織委員会会長としてロンドン大会を成功に導いたという自信があるのでしょう。この言葉にどれだけ勇気づけられたかは言うまでもありません。

この頃、私の体調は最悪でした。激務がたたって疲労はピークに達していました。私は今も週3回の人工透析を受けていますが、体中の血を入れ替えると、疲れがどっと出るのです。もう死ぬんじゃないか、と思ったことも1度や2度ではありません。

このように老骨にムチを打って働いていた私ですが、とんだところに落とし穴が待ち受けていました。令和3年（２０２１年）2月、ＪＯＣ理事会終了後の雑談での発言の一部が切り取られ、「女性蔑視を助長する」と言って批判にさらされたのです。

批判の矛先は、私や組織委員会はもとより、私の家族にまで及びました。孫からは一睡もできずに職場を休んだと言われました。叩かれ慣れている私でも、さすがにこれはこたえました。

あの発言については、正直言って、あまり思い出したくないのですが、「ラグビー協会には女性理事がたくさんいる。その人たちが順番に話し出すと1時間くらいかかるんだよ」と言ってしまった。こっちはジョークのつもりで言ったのですが、今の時代はジョークにならないんでしょうね。

もし、私の発言に悪意を感じた人がいたなら、その場で誰かが反論したはずです。でも皆さん、ワーッといっせいに笑い出した。その場にはＪＯＣ会長の山下泰裕さんもいたのですが、笑っておられた。それなのに騒ぎが

世界陸連のセバスチャン・コー会長はロンドン五輪を成功に導いた立役者（令和３年５月撮影。北海道札幌市）

大きくなると、皆、貝になってしまった。ＪＯＣが「森先生の会見をセッティングします」と一言でも言ってくれたら私も救われたのですが、誰も言ってくれなかった。

私のことを快く思っていない方の中には「森氏の発言は世界では通用しない」という人もいましたが、バッハ会長は「何の問題もない」と最初は気にする素振りすら見せなかったんです。ところが各方面から圧力がかかったんでしょうね。しばらくして私の発言を問題視するようになった。

いずれにしても私はこの一件で心身共に疲れ果てました。

「五輪を前に進めるために身をひく。ラグビーでいうセービングだよ」

親しい者には、そう言った記憶があります。

橋本聖子さんを後継に

さて後任を誰にするか。私の頭にあったのは盟友の川淵三郎さんです。川淵さんの実績とリーダーシップについては第４章でも述べましたが、世界のＶＩＰを相手にするには、まず世界に顔がきかなくてはならない。

共にスポーツ振興に尽力した盟友関係の川淵三郎さん（右）
（令和３年２月撮影。都内）

年齢は私より一つ上ですが、頭脳明晰で行動力もピカイチです。

これはもう川淵さんに頼るしかないと腹を決め、すぐにお会いしました。

「準備はだいたいできていますから、後は監督だけしてください」

そう伝えると、川淵さんは涙を浮かべ快諾してくれました。同世代の人間として、川淵さんは私の苦労を誰よりも知っておられた。

この本を出すにあたり、推薦文をお願いすると「スポーツ界最大の功労者」という涙が出るような言葉までいただきました。

一つ誤算があったとすれば、押しかけた記者に私との交渉の経緯を明らかにしてしまったことです。ただそれだけのことなのに、メディアは次の獲物を見つけたとばかりに「密室談合」と騒ぎ立て、川淵さんへの〝継投策〟を潰しにかかりました。

すぐに川淵さんは私に「申し訳ない」と謝ってきた。この件に関しては川淵さんも犠牲者です。私だけならまだしも、正直者で意気に感ずるタイプの川淵さんまで「老害」と批判するコメンテーターも現れたけど、では、いったいあなた方は、どれだけ社会に貢献してきたのか。そうも言いたくなりましたよ。

私の謝罪会見でも、若手のアナウンサーがトンチンカンな質問をして、私の血圧は一気に

「橋本聖子さんに後任を託してよかった」
（平成30年10月撮影。都内）

上がってしまった。それもメディアの仕事だと言うのなら、少しは勉強してこい、という思いを噛み殺しながら私は聞いていましたよ。

それにしても、この国は長幼の序までなくしてしまったのでしょうか。皆さんは意外に思われるかもしれないが、私は年功序列には賛成しない。政治家も能力のある者が上に立てばいいと思っている。

しかし、それでも礼節とか礼儀といった最低限大事にすべきものは忘れてはいけないんじゃないでしょうか。旧い人間を血祭りに上げれば新しい時代がやってくる、と思っている者がいるとすれば、それは大間違いだと言っておきたいですね。

川淵さんへの〝継投策〟が頓挫した直後に、安倍さんの後を襲った菅総理から電話が入りました。

「できれば、会長はこれまでとは趣の変わった人にやってもらいたい。若い人や女性も候補者として検討してほしい」

それが菅さんからの注文でしたが、若くて女性なら、誰でも大役が担えるわけではありません。

菅さんが提示した条件を充たした上で、世界に顔がきき、実務もこなせる人物となればオリンピック担当大臣の橋本さんしかいませんでした。

私は橋本さんに会い、直談判に及びました。

「あなたは前回の東京オリンピックが開催された1964年（昭和39年）生まれ。お父さんが東京オリンピック開会式に感激して、聖火にあやかり聖子という名前をつけた。つまりはオリンピックの申し子だ。そのお父さんは去年、お亡くなりになった。あなたは冬と夏、計7回もオリンピックに出ているが、お父さんの手向けに8回目の出場という思いで、会長を引き受けてもらえないか……」

オールジャパンでオリンピック・パラリンピックを成功させた
（令和２年１月撮影。都内）

私の話を聞きながら、橋本さんは涙をポロポロとこぼしていました。

実は橋本さんは、私の亡くなった息子（長男・祐喜）と同い年。息子を失って以来、彼女を自分の娘のように見守ってきました。

政治家としても実績を積み、今の彼女なら大役を果たしてくれる。そんな確信が私にはありました。組織委員会による候補者検討会議でも彼女が選ばれ、五輪担当大臣の職を辞して、会長の座を引き継いでもらうことになりました。


橋本さんは最後まで本当によくやってくれました。ラグビーではありませんが、途中で私がボールを落としたりもしましたが、皆がボールをつなぎ、最後はトライを決めることができた。これこそ「ワン・フォー・オール・オール・フォー・ワン」の精神の実践ではないでしょうか。

大会後、多くのアスリートや関係者から「素晴らしい大会だった」とお褒めの言葉をいただきました。いろいろと不備もありましたが、最も心配されたテロは起きなかった。いや、その芽を事前に摘んだのです。

後で聞くと、大会期間中、4億5０００万回ものサイバー攻撃が仕掛けられたそうです。

それをことごとく撃破することができた。それは武藤事務総長をトップとするサイバーセキュリティーチームの勝利と言っていいでしょう。こうした縁の下の力持ちの存在も、忘れないでいただきたいものです。

第7章

スポーツ界への提言

世界に広がった「オールジャパン」の精神

オリンピック・パラリンピック、サッカーワールドカップ、ラグビーワールドカップ。これを世界の3大メガスポーツといいます。これを日本は6回も開催しています。

総じていえば、日本が開催したメガスポーツイベントの評判は、すこぶるいい。それはオールジャパン体制でもてなしているからだろうと思います。

近年は円安の影響もあり、日本はインバウンドで潤っていますが、おもてなしの精神は、メガスポーツイベントの開催を通じて育まれた部分もあったと思います。

さて、多くのメガスポーツイベントの招致に携わってきた私が常に意識してきたこと——それは「フェアプレーの精神」です。この気持ちで挑めば、どんな人でも胸襟を開いてくれます。それはＩＯＣだってＦＩＦＡだって、あるいはワールドラグビーだって例外ではありません。私は「フェアプレーの精神」をラグビーを通じて学ぶことができました。

もう一つ、ラグビーから学んだことが「戦略性」です。学生時代の私のポジションは主にスタンドオフでした。正面突破でトライを狙うのか、相手の意表を突いてショートパントを上げ、味方の選手を走らせるのか、はたまた周囲の仲間にパスを回すのか。司令塔としてプ

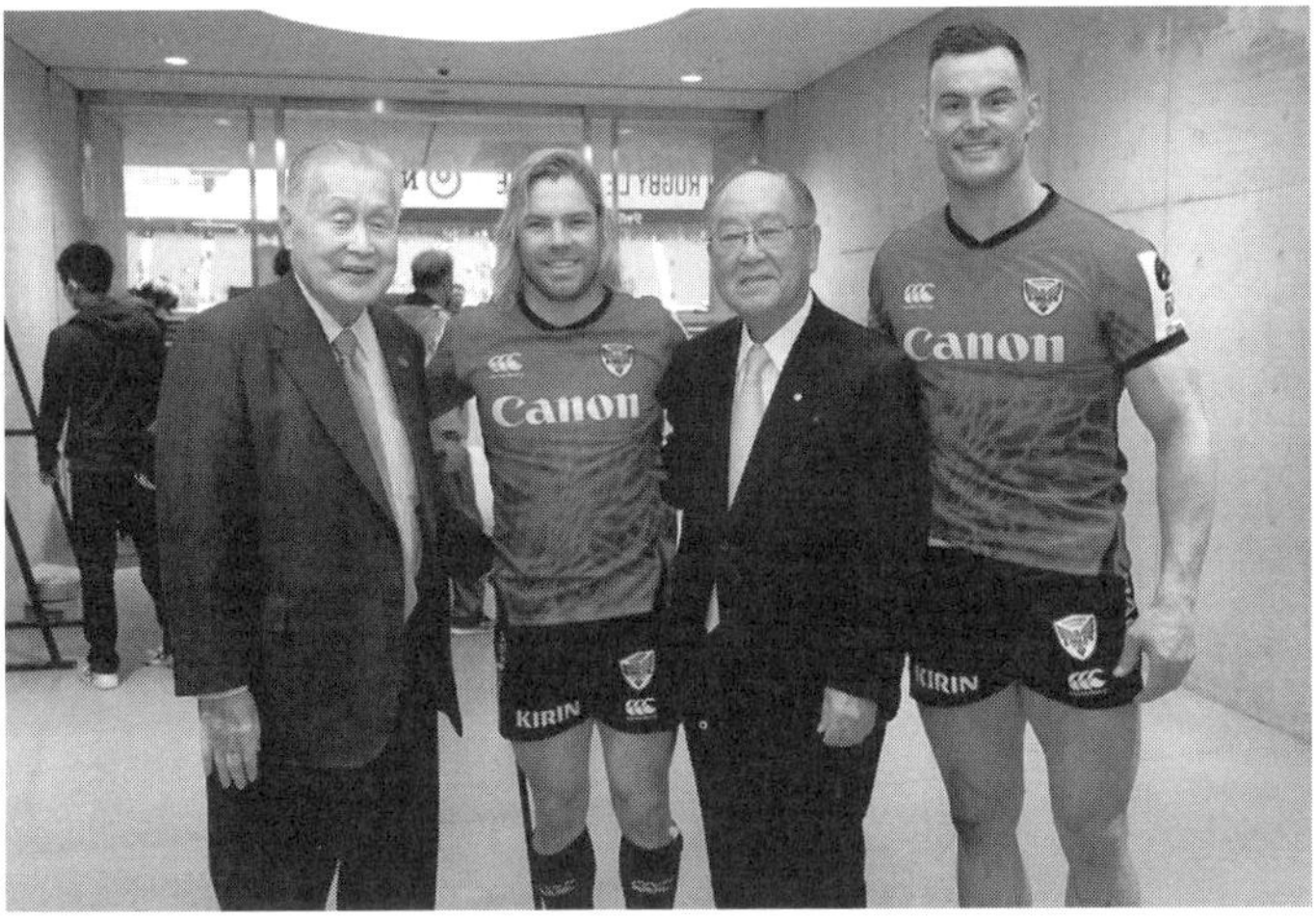

左から著者。南アフリカ代表のファフ・デ・クラーク選手。御手洗冨士夫キヤノン代表取締役会長兼社長CEO。ジェシー・クリエル選手

レーしてきたことが、後々、役に立ったと思っています。

皆さん、「ノブレス・オブリージュ」というフランスの言葉をご存じでしょうか。「身分の高い者は、それに応じて果たさねばならない社会的責任と義務がある」という意味です。

誤解なきよう申し上げますが、ラグビー選手は「身分が高い」と言っているわけではありません。ラグビーを志し、取り組んでいる過程で、「ノブレス・オブリージュ」の精神が身につくと申し上げたいのです。

平成14年（2002年）サッカー日韓ワールドカップ、令和元年（201

9年）ラグビーワールドカップ日本大会、令和2年（2021年）オリンピック・パラリンピック東京大会（正式名称は東京2020オリンピック・パラリンピック競技大会）を招致するにあたり、私は「ノブレス・オブリージュ」という言葉を片時も忘れたことがありませんでした。

しかし、大会の評価については私が決めるのではありません。私には「やりきった」という自負がありますが、あとは後世の歴史家が判断してくれればいいと考えています。

全国に広がる「スポーツによるまちづくり」

私は昭和44年（1969年）の衆院選で初当選を果たして以来、ずっと文教畑を歩いてきました。地方の教育関係者と議論すると、必ずこう言われました。

「野球をやろうにも球場がない」
「ラグビーやサッカーのできる天然芝のグラウンドがない」
「体育館が少ないため、バレーボールやバスケットボールの大会ができない」
「レベルの高いスポーツ指導者が少ない」

「スポーツ振興しようにも予算がない」

近年は少子化の影響もあり、一定の人数が必要になるボールゲームでは、選手が揃わないケースが増えていると聞きます。高校野球では合同チームでの参加を余儀なくされる学校も多くなってきています。

どうすれば、子どもたちにスポーツを好きになってもらえるか。そこは一工夫が必要です。たとえばラグビーでは、今、小学生の間でタグラグビーやタッチラグビーの人気が高まっています。「ラグビーは危険だ」と心配する親御さんも、これなら安心でしょう。これでラグビーを好きになってもらい、やがては15人制の本格的なラグビーに取り組んでもらう。そういう道筋が確保されつつあります。

自治体レベルでも、「スポーツによるまちづくり」を看板に掲げる市町村が増えてきました。〝流氷のまち〟として知られる北海道網走市は、ラグビーなどの合宿誘致に向け、スポーツ施設を整備しました。

平成３年（１９９１年）10月に設立された「網走スポーツ・トレーニングフィールド」は

東京ドーム9個分の敷地面積に、天然芝フィールドが7面、全天候型テニスコートが16面、加えて野球場、ソフトボール場、投てき競技専用練習場などが整備されています。またフィールド内にはトレーニングルームも設けられており、その充実ぶりは「北のスポーツ基地」の名に恥じないものがあります。

「体・徳・知」が教育に求められる時代

私の持論に、こういうものがあります。

「教育基本法にある『知・徳・体』ではダメだ。まず『体・徳・知』だ」

これは私が文部大臣になった時に披露したモットーです。「健全な精神は、健全な肉体に宿る」とは、古代ローマの詩人ユウェナリスが言ったとされる言葉です。これには別の解釈もあるようですが、私は字義どおりに理解すべきだと考えています。

ですから、文部大臣時代、私は文書に記されていた「知・徳・体」をすべて「体・徳・知」に書き改めました。今も、その考えに変わりはありません。

考えてみてください。体が壮健でなければ、いい知恵も湧いてきません。私などは今も週

中国の李鵬首相と教育論を交わした
（昭和59年８月撮影。中国・北京の人民大会堂にて）

に3回人工透析を受ける身ですが、まだまだお国のために役立ちたい、国民のために頑張りたいと我が身を奮い立たせているのです。そうした生きる上でのベースをつくってくれたのがスポーツであり、特に私の場合はラグビーだったのです。

いつだったか、中国でナンバー2の座にまで上り詰めた李鵬さんと教育に関して意見交換したことがあります。勉強になったのは、中国では時代や時々の社会情勢に応じて、「知・体・徳」の順番が入れ替わるということです。

「私は『知・体・徳』までは妥協するが、『知』を『体』の下に置くことだけは認めない。今の中国社会は『徳』を一番最初にもってくるべきだ」

李鵬さんはリーダーに「徳」がなければ、14億もの民を治めることはできない、と考えていたのかもしれません。これはお国柄でしょう。

いずれにしても人間形成の場として、スポーツが重要な役割を果たすことに異を唱える人はいないでしょう。勝利するためにはチームへの献身性や自助努力が求められます。その一方で、相手がなくてはスポーツは成立しません。常に相手を敬う精神を養い、育てるのもスポーツのいいところです。

今、世界は恐ろしいほどのスピードで動いています。最近は「生成ＡＩ」なるテクノロジーまでお目見えし、人々の仕事が奪われるのではないかと危惧されています。子どもたちはスマートフォンの画面の中のゲームに夢中です。

それがいいことか悪いことかはともかく、そんな時代だからこそ、もう一度スポーツの価値を見直すべきではないでしょうか。

繰り返しになりますが、私のモットーは「体・徳・知」です。50年、いや１００年後、昔そんなことを言っていたスポーツマン出身の政治家がいたが、その政治家は存外、正しかった、となるのではないでしょうか。そう私は確信しています。

本書は書き下ろしです。

森喜朗スポーツヒストリー

和暦（西暦）	月日	森喜朗年表	スポーツ界の動向
昭和12年（1937）	7月14日	●石川県能美郡根上町（現能美市）に生まれる	
13年（1938）	11月4日	●父・茂喜が出征	
14年（1939）			
15年（1940）			●東京オリンピックを返上。「幻の五輪」に
16年（1941）			
17年（1942）			
18年（1943）			
19年（1944）	11月	●母・薫死去	●ロンドンオリンピックが第2次世界大戦により中止
20年（1945）			
21年（1946）	1月	●父・茂喜が自宅に戻ってくる	
	3月	●父・茂喜が内田秋子と再婚	
22年（1947）			
23年（1948）	夏	●夏合宿で早稲田大学ラグビー部が根上町に寄宿	●サンモリッツ冬季オリンピック開催 ●ロンドンオリンピックが開催

24年（1949）	10月		サンフランシスコ・シールズの一行が日米野球のため来日
25年（1950）	4月	金沢市立高岡町中学校入学	
26年（1951）			
27年（1952）			オスロ冬季オリンピック開催 ヘルシンキオリンピックが開催
28年（1953）	4月	金沢二水高校に入学	
29年（1954）			
30年（1955）		二水高校ラグビー部主将に選ばれる	
31年（1956）		早稲田大学に入学。ラグビー部に入部するも4カ月で退部。その後、早大雄弁会に所属	コルチナ・ダンペッツォ冬季オリンピック開催 メルボルンオリンピックが開催
32年（1957）			
33年（1958）			
34年（1959）			
35年（1960）		早稲田大学を卒業。産経新聞社に入社	スコーバレー冬季オリンピック開催 ローマオリンピックが開催
36年（1961）		牧智恵子と結婚	
37年（1962）		産経新聞社を退社し、衆議院議員今松治郎氏の秘書を務める	
38年（1963）			

和暦（西暦）	月日	森喜朗年表	スポーツ界の動向
昭和39年（1964）			●インスブルック冬季オリンピック開催 ●夏季オリンピック日本で初開催
40年（1965）			
41年（1966）			
42年（1967）			
43年（1968）			●グルノーブル冬季オリンピック開催 ●メキシコシティーオリンピック開催
44年（1969）	2月	●祖父・喜平死去	
	12月	●衆議院議員選挙に立候補しトップ当選	
45年（1970）			
46年（1971）			
47年（1972）		●自民党文教委員会理事に選出	●札幌冬季オリンピック開催 ●ミュンヘンオリンピック開催
48年（1973）			
49年（1974）			
50年（1975）			
51年（1976）			●インスブルック冬季オリンピック開催 ●モントリオールオリンピック開催

年	月	森喜朗	スポーツ
52年（1977）		福田改造内閣にて内閣官房副長官に就任	
53年（1978）		自民党文教部会長に就任する	
54年（1979）			
55年（1980）			レークプラシッド冬季オリンピック開催
			モスクワオリンピックを日本がボイコット
56年（1981）			
57年（1982）			
58年（1983）		第二次中曽根改造内閣で文部大臣に初入閣	
59年（1984）		文相として中国、米国を訪問	サラエボ冬季オリンピック開催
		自由民主党教育改革特別調査会会長、スポーツ振興特別委員長に就任	ロサンゼルスオリンピック開催
60年（1985）			
61年（1986）			
62年（1987）			
63年（1988）			カルガリー冬季オリンピック開催
			ソウルオリンピックが開催
平成 元年（1989）	8月		日本オリンピック委員会が日本体育協会から独立
	9月	父・茂喜が死去	

和暦（西暦）	月日	森喜朗年表	スポーツ界の動向
平成2年（1990）	8月		日本サッカー委員会がプロリーグ設立を検討
3年（1991）	5月	清和会会長代行に就任	
	6月		1998年冬季五輪が長野市に決定
	10月	自民党政務調査会長に就任	
4年（1992）	2月		アルベールビル冬季オリンピック開催
	7月		バルセロナオリンピック開催
			星稜高校の松井秀喜がドラフト1位で巨人入り
5年（1993）	5月		Jリーグが開幕
	8月	自民党幹事長に就任	
6年（1994）			リレハンメル冬季オリンピック開催
7年（1995）			
8年（1996）	11月	自民党総務会長に就任	アトランタオリンピックが開催
9年（1997）			
10年（1998）	12月	清和政策研究会会長に就任	長野冬季オリンピック開催
11年（1999）			

12年（2000）	4月	自民党総裁、第85代内閣総理大臣に就任	シドニーオリンピックが開催
	5～6月	「神の国」発言	
13年（2001）	4月	内閣総理大臣を退任	
14年（2002）	5～6月	前立腺ガンが発覚	ソルトレークシティー冬季オリンピック開催
			2002FIFA日韓ワールドカップが開催
15年（2003）	9月		ラグビートップリーグが開幕
16年（2004）			アテネオリンピックが開催
17年（2005）	4月	日本体育協会（現・日本スポーツ協会）会長に就任	
	5月	天皇皇后両陛下の訪欧に随行	
	6月	日本ラグビーフットボール協会の12代目会長に就任	
18年（2006）		ラグビーワールドカップ2011の開催地に立候補もニュージーランドに決定	トリノ冬季オリンピック開催
19年（2007）			
20年（2008）	8～9月		北京オリンピックが開催
21年（2009）		ラグビーワールドカップ2019が日本で開催決定	

和暦（西暦）	月日	森喜朗年表	スポーツ界の動向
平成22年（2010）	1月	●母・秋子死去 ●ラグビーワールドカップ2019組織委員会副会長に就任	◆バンクーバー冬季オリンピック開催
23年（2011）	7月	●長男・祐喜死去	◆ロンドンオリンピック・パラリンピックが開催
24年（2012）	7月	●衆議院議員引退を公表	
25年（2013）			◆2020オリンピック・パラリンピック開催地が日本に決定
26年（2014）		●2020東京オリンピック・パラリンピック競技大会組織委員会会長に就任	◆ソチ冬季オリンピック開催 ◆国立競技場が改修のため閉場
27年（2015）	春	●肺ガンの宣告を受ける ●日本ラグビーフットボール協会名誉会長に就任	◆国立競技場の建設案が白紙撤回される
	9月		◆ラグビーワールドカップ2015で日本が南アフリカを破る大金星
28年（2016）	2月	●オプジーボによるガン治療を開始	

令和

年	月	森喜朗	スポーツの出来事
	8〜9月		◎リオデジャネイロオリンピック・パラリンピックが開催
29年（2017）	12月	●著書「遺書」発売	
30年（2018）			◎平昌冬季オリンピック開催
元年（2019）	9〜11月		◎ラグビーワールドカップ2019が日本で開催。日本はベスト8入りを果たす
2年（2020）	3月	●IOCバッハ会長と安倍総理が電話会談。2020東京五輪の延期が決まる	◎東京オリンピック・パラリンピックの1年延期を決定
3年（2021）	2月	●「女性蔑視発言」で東京2020オリンピック・パラリンピック組織委員会会長を辞任	◎橋本聖子五輪相が組織委員会会長に就任
	7〜9月		◎東京オリンピック・パラリンピック開催
4年（2022）			◎北京冬季オリンピック開催
5年（2023）			◎ラグビーのトップリーグ「リーグワン」が開幕
6年（2024）	7〜9月		◎パリオリンピック・パラリンピック開催

（肩書きはすべて当時のものです）

参考文献

あなたに教えられ走り続けます（森喜朗／北國新聞社）
おつぶけ町長　森茂喜（森茂喜伝記刊行委員会／北國新聞社）
ノーサイドの心（森喜朗／小学館）
私の履歴書　森喜朗回顧録（森喜朗／日本経済新聞社）
遺書　東京五輪への覚悟（森喜朗／幻冬舎）
スポーツ歴史の検証　日本のラグビーを支えた人びと（笹川スポーツ財団／新紀元社）
世界を驚かせたスクラム経営　ラグビーワールドカップ２０１９組織委員会の挑戦（野中郁次郎、川田英樹／日経ＢＰ）
虹を摑む（川淵三郎／講談社）
月刊現代　１９９６年８月号『Ｗ杯「日韓共催」はアジア蔑視の産物だ』（二宮清純／講談社）より一部抜粋

装丁・デザイン　渋沢企画
撮影　近藤誠
編集　石井聡

森喜朗（もり・よしろう）
1937年生まれ。早稲田大学卒業。1969年、衆院議員初当選。2000年に内閣総理大臣に就任。2005年、日本体育協会会長に就任。2006年、日本ラグビーフットボール協会会長に就任。2010年、ラグビーワールドカップ2019組織委員会副会長に就任。2012年、代議士引退。その後、東京オリンピック・パラリンピック競技大会組織委員会会長、日本財団パラリンピックサポートセンター最高顧問、日本ラグビーフットボール協会名誉会長などを歴任。

二宮清純（にのみや・せいじゅん）
1960年 愛媛県生まれ。スポーツジャーナリスト。五輪は夏冬9大会現地取材、サッカーW杯は5大会現地取材。明治大学大学院博士前期課程修了。広島大学特別招聘教授。株式会社スポーツコミュニケーションズ代表取締役。「勝者の思考法」「最強のプロ野球論」「スポーツ名勝負物語」「スポーツを視る技術」「森保一の決める技法」など著書多数。

スポーツ独白録
森喜朗
第1刷 2024年8月31日

著者 森 喜朗
　　 二宮清純
発行人 小宮英行
発行所 株式会社 徳間書店
〒141-8202
東京都品川区上大崎3-1-1
目黒セントラルスクエア
電話 編集（03）5403・4332
　　 販売（049）293・5521
振替 00140-0-44392
本文印刷 本郷印刷株式会社
カバー印刷 真生印刷株式会社
製本 ナショナル製本協同組合

ISBN978-4-19-865809-0